唐安麒
瘦身健美湯方

唐安麒

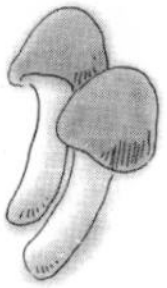

·自序·

享受口福不發福

對於中國醫學，我一直非常佩服。中國醫學是中國偉大的遺產，在保健上可以說是取之不盡，用之不竭。也因此研究中醫，成爲我生活中的一部分。無奈所學有限，再加上中醫典籍浩如煙海，至今仍在努力探索中。

中醫側重「藥食同源」。俗話說：「藥補不如食補」、「食治勝於藥治」就是將藥物與食物結合，藉以補養身體，防治百病，這是中國醫學一大特點。還記得初看到這些「飲食療法」時，有如獲至寶的喜悅。因爲，我喜歡吃又怕變胖，但又擔心吃得不健康，所以，開始研

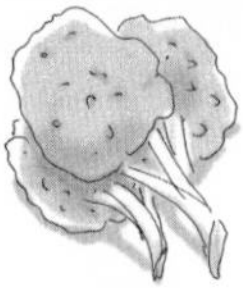

究中國傳統的「飲食療法」。特別是有關養顏、減肥的部分，成爲我研究的重點。

在這些食療中，尤以「藥粥療法」最深得我喜愛。因爲製作方法簡易、味道可口，對於需要減肥的朋友來說，更是一大喜訊。

《黃帝內經》中說：「藥之祛之，食之隨之」，「穀肉果菜，食養盡之。」這段論述，是「藥粥療法」最早的理論基礎。藥粥正是以藥治病，以粥扶正的食療好方法。

藥粥這一古老療法，遠在兩千多年前，我國醫學書籍中就記載，我們的祖先已把它應用於防病、治病了。所以自古至今，藥食同源，食物也可以當做藥物來治病，藥物也可以供食用。這在藥粥養生中體現得最爲突出。我們若能選擇適宜的藥物與食物同煮爲粥，常能產生協同作用。

總之，藥粥養生是集藥物療法、營養療法、飲食療法爲一體的養

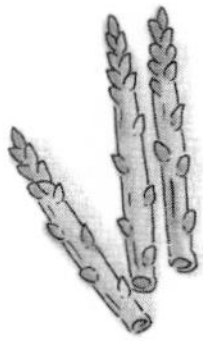

生療病法。

很多中醫對治肥胖症，也會建議採用藥粥療法。例如診治高血壓、高血脂症病患可多吃「荷葉粥」，達到降血壓和降低血脂的效果。其實，除了荷葉粥，也有不少草藥能對治肥胖症，例如山楂、玉米、白茯苓等等。

經過長期的研究、嘗試，我選出了一些有助於養顏、減肥的「藥粥」，這些「湯方」、「粥方」，已經幫助很多朋友減肥成功，更讓很多朋友在瘦身的同時，讓身體也健康了，因此我把這些湯粥方取名爲「瘦身健體湯粥方」。

你試過各式各樣的減肥方法，越試越沒信心？還是試了沒效，反而把身體也弄出毛病了？

來！試試看瘦身、健美又無副作用的湯粥貼心配方吧！

翻書建議路線：

1. 先了解你是屬於「陰型肥胖」或是「陽型肥胖」（請看019頁）。

2. 選擇專門爲你設計的A、B、C減肥計畫

「A計畫」只適合減肥十公斤以上的「陽型肥胖者」（請看033頁）。

「B計畫」適合需要減肥五公斤以上的「陰型肥胖者」與「陽型肥胖者」（請看038頁）。

「C計畫」適合所有肥胖者（請看041頁）。

3. 「瘦身健體湯粥方」爲什麼對你有效？（請看047頁）

4. 安麒瘦身健體湯粥方（請看059頁）。

5. 從中醫觀點找出你發福的原因。（請看013頁）

【目錄】

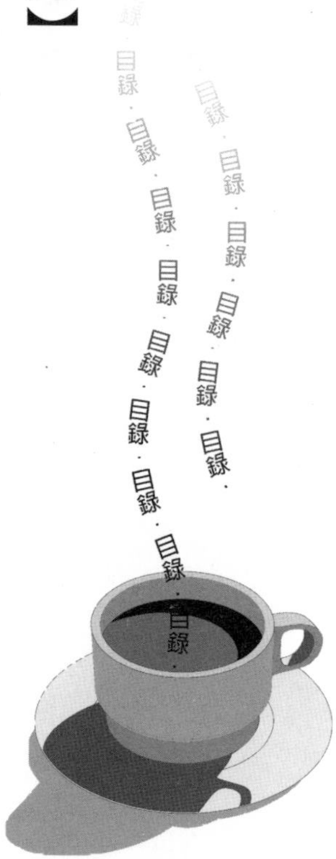

PART 2 30種優質湯方DIY

PART 3 唐安麒の體雕法

目錄·目錄·目錄·目錄·目錄·目錄·目錄·目錄·目錄·
目錄·目錄·目錄·目錄·目錄·目錄·

1 瘦身A、B、C計畫

從中醫觀點找出你發福的原因

中國醫學很早就注意到肥胖有害於健康，從《神農本草經》起，就把「輕身」（註：相當於現在「瘦身」之意）和「延年」並舉。中醫認爲，引起肥胖的原因多爲濕、痰、水、瘀等。這是由肺、脾、腎三臟功能失調，使水濕的運輸功能發生了障礙，形成痰濕瘀濁凝聚於體內的緣故。

中醫認爲，脾爲生痰之源，若脾氣不足，不能正常化生精血，運輸營養至身體各部，而變生膏脂痰濕，蓄於體內，形成肥胖，所以，肥胖是脾胃氣虛的表現之一。而肺爲貯痰之器。腎陽不足，不能化水

液又會導致痰的生成。

現代人常常過食肥甘厚味的油膩食物，致使濕、熱、痰濁內生、氣血壅滯；另房事不節、縱欲過度、勞倦傷脾，也會致脾腎陽氣不足。中醫學對治肥胖的方法，多以宣肺化痰、健脾利濕、溫腎利水爲主。

大部分肥胖的人，會有「多痰少氣」、「易水腫」的情況出現，所以食用「減肥湯粥」應注意培補脾氣、化痰除濕、利水消腫，避免肥甘厚味、油膩味濃、礙脾滯胃的食物。經常食用茯苓、薏仁、陳皮、紅豆、冬瓜、荷葉、山楂、米、海帶、香菇等食物，有「祛病延年、輕身健體」的卓越功效。

除此之外，七情內傷，影響五臟六腑功能，尤其是脾腎肝膽，這也是形成肥胖的因素。

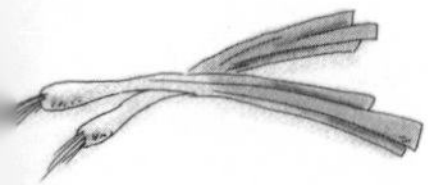

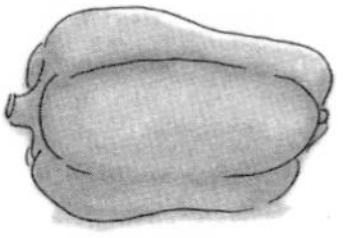

心情不好容易胖？

中醫學認爲：「過分恐懼傷腎，常發脾氣傷肝，過分憂傷傷肺，過分喜悅傷心臟，常思念一件事情傷脾。」《素問・上古天眞論》中說：「恬淡虛無，眞氣從之，精神內守，病從安來。」若長期精神緊張，內傷七情，不僅會使脾腎氣虛而肥胖，而且，也會使肝膽疏泄失於調暢，不能淨濁化脂，則濁脂內聚而肥胖。

很多職業婦女，工作繁重，有些更要兼顧家庭、侍候丈夫、教育子女、照顧公婆，長期下來，如果意志不夠堅定、心境不能開朗，很容易導致精神緊張、五臟失調，而形成肥胖，再加上應酬繁多，經常外吃、亂吃、隨便吃，想不肥也難！

在此，誠心忠告職業女性：請愛惜自己的身體，保持健康，多吃有益身體的湯粥、食物，以保體態輕盈、容顏嬌嫩。多泡澡讓血液循

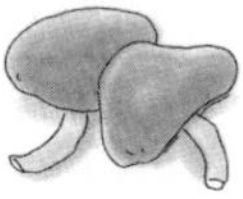

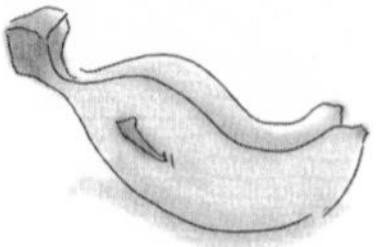

環、新陳代謝正常，小心呵護、保養肌膚，才能保持明艷動人、光采亮麗。否則每天只是活在「忙、壓力和緊張」的生活當中，有一天當妳眞正有空面對自己的時候，才突然發現，除了得到了事業上的成就，妳也同時得到了憔悴的容顏、肥腫的身段、虛弱的體質，更可能因爲這樣，而外加一份「破碎的家庭」厚禮。

現在開始吧！好好愛惜自己，要記得「想要別人愛妳，先要愛妳自己」。

你有多痰、多濕、多水腫、多氣虛的困擾嗎？

不過，如果妳是不用工作、心境開朗、逍遙自在的幸福家庭主婦，也要注意喔！因爲，久臥、久坐、活動過少，也是肥胖的重要原因。

《醫學入門》中論：「終日屹屹端坐，最是生死。」《素問・宣明

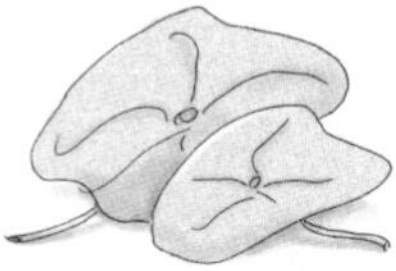

五氣論》還說：「久臥傷氣。」久臥久坐，氣虛氣鬱，必使轉輸失調，膏脂內聚，使人肥胖。

總而言之，以中醫學論，肥胖的主要原因有：

1. 飲食不當，過食油膩味濃的食物，積為體內膏脂。
2. 脾虛腎虧，形成痰濕瘀濁聚於體內。
3. 七情內傷，影響五臟六腑功能。
4. 久臥久坐，活動過少，導致陽氣不足，氣虛氣鬱。

針對「肥人多痰、多濕、多水腫、多氣虛」，本書的「瘦身健體湯粥方」可以分別予以補益、健脾、利水、補腎、養陰。

另外，對於同時患有高血壓、高血脂症的朋友，我也提供了降血壓、降血脂的食療湯粥方。藉由宣肺化痰、健脾利濕、降壓降脂、溫

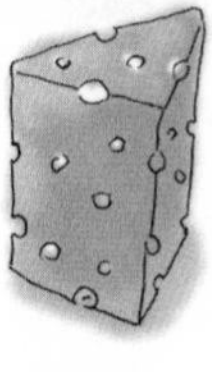

腎利水的方法，調配一些既可瘦身、又可調理身體的「瘦身健體湯粥方」，讓大家可以「減去肥肪，挽回健康」。

你是「陰型肥胖」還是「陽型肥胖」？

前面提到肥胖的原因，是中醫的理論，可是你一定很想知道自己是屬於「氣虛型」、「腎陽不足型」、「脾虛濕阻型」，還是「胃熱脾滯型」……？眞的要你來自行判斷，很難，因爲只有經驗豐富的中醫師才能做正確判斷。

其實，以我過去十年來對肥胖人士的研究，只需要分清「陰型肥胖」，或者是「陽型肥胖」，百分之八十的人就可找出適當的減肥方法，而且容易成功地瘦下來。

個人體質、特徵、身體狀況等，可區分爲「陰」、「陽」兩種類

型。在認清了個人體質以後，再配以適合自己體質的減肥方法，才能眞正做到「減去脂肪、挽回健康」。有很多人即使嚴格控制卡路里的攝取量，吃得已經很少，仍然無法瘦下來的原因，就是因爲不了解自己的體質，而胡亂減肥，結果導致「脂肪減不了，健康損失了」的情況。

陰型肥胖的特徵（只要符合七項以上條件，你就上榜了）：

1 生病的時候，通常不會馬上出現病徵，一旦病發很容易惡化；即使感冒也會拖得很久才復原。

2 膚色偏白或帶青、怕冷。

3 不易流汗，容易浮腫、痰多。

4 下半身肥胖。

5 容易疲倦。

6 吃得很少也瘦不下來。
7 情緒容易低落。
8 不喜歡運動。
9 說話聲量柔和。
10 手腳容易冰冷。
11 水腫型的虛胖、肌肉鬆軟。
12 怕吹冷氣。
13 愛吃溫熱的食物和甜點。
14 排便正常，偶爾會拉肚子。
15 血壓容易偏低。

排出體內死水，燃燒脂肪

「陰型」體質的人，基礎代謝率比較差，所謂代謝不良是指攝入體

內的熱量容易囤積而無法釋放。一般來說，代謝良好的人常常流汗；反之，陰性體質的人比較不容易流汗。

因此，改善身體的代謝、增加熱量的消耗，是陰型肥胖的人要注意的重點。

多「泡澡」是加速代謝的好方法，如能配合使用可以促進血液循環、加速代謝的「玫瑰花精華液」(ROSE BOTH ESSENTIALS)功效更顯助，同時也可以改善手腳冰冷的問題，而且可以讓臉色變得紅潤。

代謝不良另外一個壞處是容易發冷，或使血管外的組織滯留水分，造成浮腫的現象而形成「虛胖」。如果不及早改善這種情況，就會有越來越多廢水流入皮膚，皮下滯留的水分就會過多，使得皮下組織鼓脹起來。這些「死水」滯留在那裡，積存越來越多的廢物及毒素，長年累月下來就會變成粘液狀態。

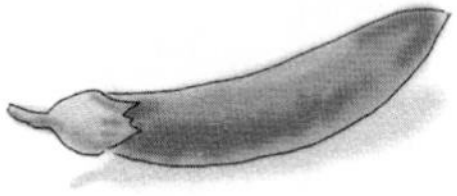

你可能認爲自己增加了脂肪，其實這只不過是滯留皮膚組織中的粘液而已。但當這種粘液膠狀物質變硬之後，就會形成「蜂窩組織細胞」。一旦形成了「蜂窩組織細胞」，就不是那麼容易去除，只能利用「熱能酵素」、「交叉感電流」才能破壞、疏導、分解此類組織。

因此，在「水腫」的問題剛出現時，應趕快調理身體，把體內積水排除掉，提高身體的代謝率，這樣便不用擔心「蜂窩組織細胞」的出現。

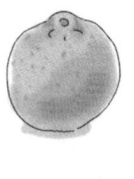

「陰型肥胖」減肥秘訣：

1多泡澡或足浴（泡腳），每週最少三次，以促進血液循環並強化新陳代謝。

2絕不能胡亂的節食，或採用一些不當的減肥方法，像「減肥纖維片」、「蘋果療法」、「七天斷食」、「減肥膠囊」等等。這些

方法只會讓你的身體更虛弱，因為「陰型」的人是需要能減肥又能補身的方法才能成功，否則吃得少也瘦不下來，更可能越減越肥。

3多喝溫熱的飲料或茶水，「絕不能」喝冰冷的飲料，否則減肥成功機率會大大降低。

4吃一點辛辣食品，如生薑、胡椒、山椒、花椒、辣椒等，對身體的加溫有很大的作用。像辣椒中含有的成分，會使副腎髓質運作，促進腎上腺素分泌，提升基礎代謝功能。

5每天搽「A.F.消脂膏」、「A.F.收緊霜」。這點很重要，因為它可以達到下列功能：

(1)可以加強特定部位的瘦身效果，如腰腹、手臂、大腿等。

(2)防止像「妊娠紋」的紋路出現，免得瘦下來以後，卻換上了「妊娠紋」。市面上其他品牌有沒有同樣的效果，我不知道，

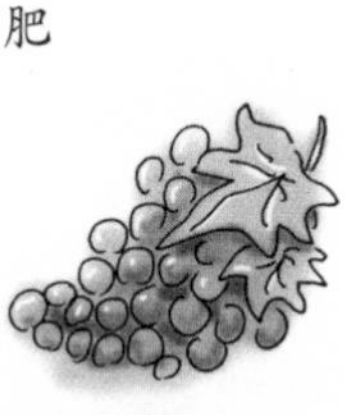

因為我沒有使用過，而「A.F.消脂膏」及「A.F.收緊霜」的功效，我可以證明有效，因為我自己使用過，而且腰部瘦了三吋，手臂也變結實。當然，如果你的朋友使用過別的品牌有效，你也可以購買，只是不要買一些不知道有沒有效果，只知道廣告打很多的產品。

6戒絕煎炸、油膩食品以及甜點零食。

7不要吃白糖，可用紅糖、蜂蜜代替，泡麵、味精也不要吃。

陽型肥胖的特徵（只要符合七項以上條件，你就上榜了）：

1感冒時，容易發燒，一旦治療，很快復原。

2臉色偏紅或黃黑。

3容易流汗。

4全身肥胖。

5精力充沛，不易疲倦。
6只要控制食量便能瘦下來。
7個性較急躁。
8喜歡運動。
9說話音量大。
10手腳溫暖。
11脂肪型的肥胖，肌肉結實。
12愛待在冷氣房。
13愛吃煎炸、油膩、口味重的食物，也愛吃冷飲。
14有便秘的情況。
15血壓容易偏高。

控制食量，多泡澡

陽型體質的人身體機能處於亢進的狀態。肥胖的原因，則是因爲飲食過量，又吃過多油膩、高熱量的食物，以致脂肪過度囤積，雖然代謝良好，活動量高，但因爲吃得太多，熱量還是無法完全被消耗。這是由於攝取的熱量，遠遠超過消耗的熱量，所以才造成典型的肥胖。

值得注意的是，陽型的人不像陰型的肥胖者，體重很容易下降。因爲陽型的人，如果不減少體內脂肪，體重是不會下降的。最有效的方法，是控制自己的食量，多「泡澡」，提高基礎代謝的能力。只要有恆心。配合「瘦身健體湯粥方」來進行減肥計畫，陽型肥胖還是可以成功瘦下來的。

不過還有一點要注意：必須保持每天排便，不讓便秘出現。

「陽型肥胖」減肥秘訣：

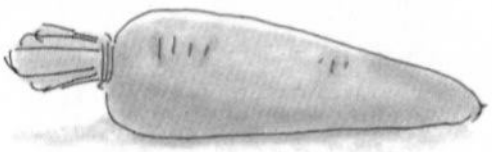

1多泡澡或足浴（泡腳），每週最少兩次，以促進血液循環並強化新陳代謝。

2減少食量，陽型肥胖者最大的弱點就是常會飲食過量。

3多喝溫熱的飲料或茶水，如果真的想喝或吃一些冰冷的食物或飲料，必先喝下一杯溫熱水才行，「絕不能」空腹吃或喝冰冷食品。因為陽型的人基礎代謝較高，所以常常在不自覺的情況下，吃了一些冷品，這樣咕嚕咕嚕的喝著啤酒或冰冷的飲料，反而會造成腹部的寒冷。這只會讓體內脂肪更難消除。

4多吃水果、蔬菜。因為陽型肥胖者容易出現便秘的情況，如果吃蔬果也不能解決的話，可喝一些能幫助大腸蠕動的減肥茶。但要小心選擇，因為市面上減肥茶品種很多，但有一些成分反而對腸胃造成傷害，有損健康。我嘗試各種減肥茶的經驗，只有「仙子素健康茶」功效最好。因為它是使用純天然植物發

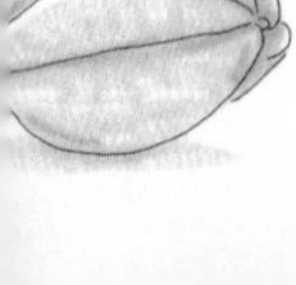

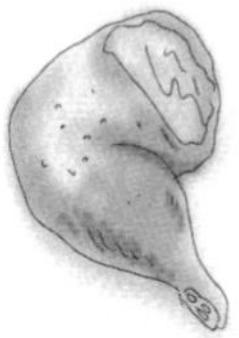

酵、烘焙、乾燥製成，不添加任何化學藥品及防腐劑，而且功效良好，可以讓你輕鬆排便。

5每天搽「A.F.消脂膏」、「A.F.收緊霜」。這點很重要，因為它可以達到下列功能：

(1)可以加強特定部位的瘦身效果，如腰腹、手臂、大腿等。

(2)防止像「妊娠紋」的紋路出現，免得瘦下來以後，卻換上了「妊娠紋」。市面上其他品牌有沒有同樣的效果，我不知道，因為我沒有使用過，而「A.F.消脂膏」及「A.F.收緊霜」的功效，我可以證明有效，因為我自己使用過，而且腰部瘦了三吋，手臂也變結實。當然，如果你的朋友使用過別的品牌有效，你也可以購買，只是不要買一些不知道有沒有效果，只知道廣告打很多的產品。

6戒絕煎炸、油膩食品以及甜點零食。

7不要吃白糖，可用紅糖、蜂蜜代替，泡麵、味精也不要吃。

長痘？長斑？痰多？對症喝湯

分別擁有「陰型」與「陽型」的特質，那就是屬於「混合型」肥胖。如果你有六點符合「陰型」體質，八點符合「陽型」體質，那基本上你還是屬於陽型的。

了解自己是屬於「陰型」或「陽型」的體質，以及肥胖形態以後，你會更快速的減肥成功。

本書所提供的三十道湯粥方，大部分是「陰型肥胖」與「陽型肥胖」可同時食用的，只有兩道不適合「陰型」食用，兩道不適合「陽型」食用。

你也可以針對自己的身體狀況，食用更適合自己的「湯粥方」。譬如說，身型肥胖臉上又同時長青春痘，可多吃「減肥除痘湯」、「綠豆

瘦身去痘湯」等；身體虛胖、水腫、痰多，則可多食「冬瓜薏仁瘦肉湯」、「茯苓粥」等；臉上長斑又同時肥胖，可多食用「田七除斑瘦身湯」；想減肥又想養顏美容，可多食用「養顏減肥雞湯」、「何首烏養顏瘦身湯」等。

但是用不著每天食用同一道湯粥方，還是應該配合其他的湯粥方食用。因爲經過我精心挑選，大部分的「湯粥方」是適合任何體質的肥胖者。

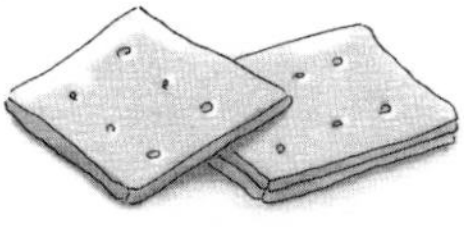

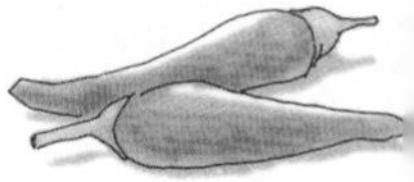

爲你設計的A、B、C減肥計畫

【A計畫】

只適合要減肥十公斤以上的「陽型肥胖者」

有哪些人適用這個計畫呢？一是嚴重肥胖的，而且體內毒素、宿便也累積很多，因此必須利用「三天優酪乳排毒減肥法」。

心裡準備好了嗎？

由於執行A計畫比較辛苦，一定要意志力堅強，勇往直前、披荊斬棘、排除萬難、堅持到底！最後你會發現功效神速喔！

A計畫開始

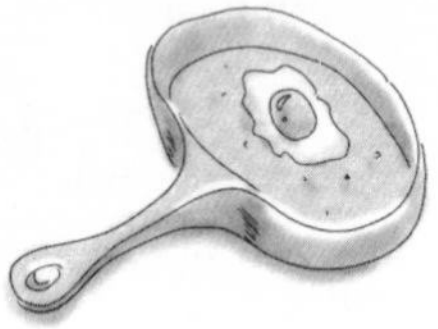

前三天三餐如下：

早餐：先喝一杯溫熱水，再吃蔬果，如蘋果、梨子、芭樂、番茄、小黃瓜等，量不限，吃到飽。

午餐：喝250CC～300CC的優酪乳(Yogurt)，原味的最好，不能接受的話，可喝水果口味的。

晚餐：跟午餐一樣。晚餐後再喝一杯可促進腸子蠕動的減肥茶，如「仙子素健康茶」。

頭三天瘦得最快

這三天食譜都一樣，要注意多喝「溫熱水」，不能喝冷飲。你可能感覺很辛苦、很餓，全身無力，但這些都只是你的錯覺。怎麼可能全身無力呢？你身上那麼多的肥肉，用來幹嘛？不知道？用來燃燒嘛！

體內的脂肪是用來燃燒，然後轉化爲能量給身體用的，即使你沒有吃東西，體內的脂肪，絕對夠你使用的。所以這三天瘦得特別快，那些全身無力、頭暈眼花，都是假象，你要不停的告訴自己：

變身口訣

我現在好高興啊！體內的肥油脂肪，終於可以燃燒掉啦！

我會變得更健康、更窈窕、更有魅力。

我現在體力充沛，我一定會堅持到底！

這一段口訣是你的精神支柱，你當然可以自我創作。記得喔！早、午、晚都要大聲唸出三分鐘，如果中途感覺身體不舒服，馬上再不停的唸，同時想像你瘦下來以後的樣子。一定要保持心情愉快，只有這樣做才能改變你的「潛意識」。把「你要瘦下來」這個訊息，輸入

你的「潛意識」是非常重要的。程式一旦設定好，縱然你不吃東西，或者吃得很少，也不會感覺餓，而且心情開朗，因爲你知道很快就會瘦下來。

完成這三天的排毒療程後，搞不好你已經減輕了二到五公斤，但這不全都是脂肪，更包含了體內的廢物、垃圾、毒素。你的身體現在乾淨多啦，接下來的七天，就輕鬆多了。

第四～十天（共七天）

在這七天裡，三餐的吃法一樣，但是午、晚的湯粥方可以變化。例如第四天吃「冬瓜薏仁瘦肉湯」，第五天吃「生薑粥」，第七天吃「蘋果瘦肉湯」等。

早餐：先喝一杯溫熱水，再吃蔬果，如蘋果、梨子、芭樂、番茄、小黃瓜等，吃到飽，量不限。

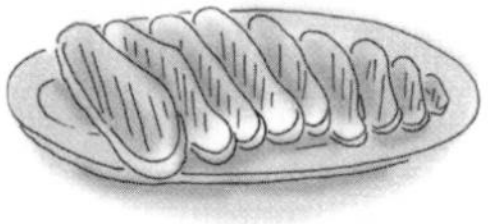

午餐：「瘦身健體湯粥方」的任何一種，吃到飽。

晚餐：跟午餐一樣。

特別提醒

我所說的「吃到飽」，並不是叫你吃得太過分、太撐啊！七、八分飽是健康之道，感覺滿足就好，不能太過，否則一切都毀了。

三天優酪乳，七天瘦身健體湯粥方，這十天爲一個療程，可不斷重複下去，直到你滿意自己的體重爲止。例如：三天優酪乳→七天湯粥方→三天優酪乳→七天湯粥方……

不管採用任何減肥方法，在減肥期間攝取多種維他命是很重要的，只要是合格的藥品都可以，但不要吃多，一天一顆就夠了。

還有，要特別注意「陽型肥胖者」減肥須知，才能達到最好的效果。

【B計畫】

適合要減肥五公斤以上的「陰型肥胖者」及「陽型肥胖者」

B計畫開始

第一天三餐如下：

早餐：先喝一杯溫熱水，再吃蔬果，如蘋果、梨子、芭樂、番茄、小黃瓜等，量不限，吃到飽。

午餐：喝250CC～300CC的優酪乳(Yogurt)，原味的最好，不能接受的話，可喝水果口味的。

晚餐：跟午餐一樣。晚餐後再喝一杯可促進腸子蠕動的減肥茶，如「仙子素健康茶」。

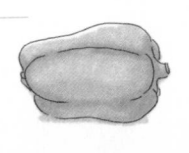

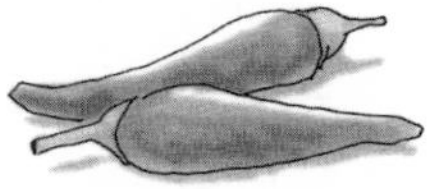

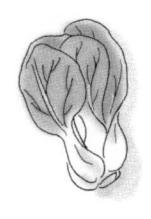

第二~四天（共三天）

在這三天裡，三餐的吃法一樣，但是午、晚的湯粥方可以變化，例如第二天吃「冬瓜薏仁瘦肉湯」，第四天吃「生薑粥」。

早餐：先喝一杯溫熱水，再吃蔬果，如蘋果、梨子、芭樂、番茄、小黃瓜等。

午餐：「瘦身健體湯粥方」的任何一種，吃到飽。

晚餐：跟午餐一樣。

第五~十天（共六天）

搭配「宇宙自然飲食法」（見123頁）更有效。

早餐：先喝一杯溫熱水，再吃蔬果，如蘋果、梨子、芭樂、番茄、小黃瓜等，量不限，吃到飽。

午餐：自由進食，但「必須」配合「宇宙自然飲食法」（請看123頁）的食物組合守則進食。

晚餐：「瘦身健體湯粥方」的任何一種，吃到飽。

特別提醒

我所說的「吃到飽」，並不是叫你吃得太過分、太撐啊！七、八分飽是健康之道，感覺滿足就好，不能太過，知道嗎？

這十天爲一個療程，可不斷重複下去，直到你體重滿意爲止。午、晚餐可以對換，但如果可以的話，晚餐食用「瘦身健體湯粥方」較好。

不管採用任何減肥方法，在減肥期間攝取多種維他命是很重要的。每天吃一顆即可。

還有一點很重要，最好配合「陰型肥胖者」或「陽型肥胖者」減

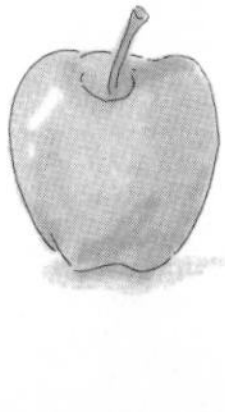

肥須知，才能達到最好的效果。

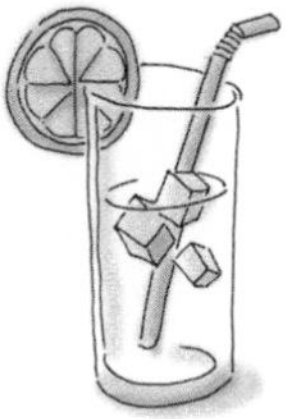

【C計畫】

適合「陰型肥胖」、「陽型肥胖」及所有肥胖者

這個計畫是屬於漸進式的療程，非常的溫和，一點都不辛苦。因此除了適合輕度肥胖的人，也適合各種程度肥胖的人，雖然效果較慢，但過程輕鬆，對於那些意志較弱、情緒容易不穩定的朋友、體質較差的肥胖者，或中老年肥胖者，此計畫最適合不過了。

C計畫開始

第一天三餐如下：

早餐：先喝一杯溫熱水，再吃蔬果，如蘋果、梨子、芭樂、番茄、小黃瓜等，量不限，吃到飽。

午餐：喝250CC～300CC的優酪乳(Yogurt)，原味的最好，不能接受的話，可喝水果口味的。

晚餐：跟午餐一樣。晚餐後再喝一杯可促進腸子蠕動的減肥茶，如「仙子素健康茶」。

第二～七天（共六天）

配合「宇宙自然飲食法」效果更好

早餐：先喝一杯溫熱水，再吃蔬果，如蘋果、梨子、芭樂、番茄、小黃瓜等，量不限，吃到飽。

午餐：自由進食，但「必須」配合「宇宙自然飲食法」（請看123頁」的食物組合守則進食。

晚餐：「瘦身健體湯粥方」的任何一種，吃到飽。

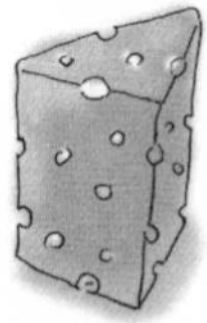

特別提醒

同樣的，「吃到飽」，是以七、八分飽爲準，感覺滿足就好，太過的話一切都白費力氣了。

這七天爲一個療程，可不斷重複下去，直到你體重滿意爲止。午、晚餐可以對換，但如果可以的話，晚餐食用「瘦身健體湯粥方」較好。

不管採用任何減肥方法，減肥期間注意攝取多種維他命。每天吃一顆即可。

還有一點很重要，最好配合「陽型肥胖者」或「陽型肥胖者」減肥須知，才能達到最好的效果。

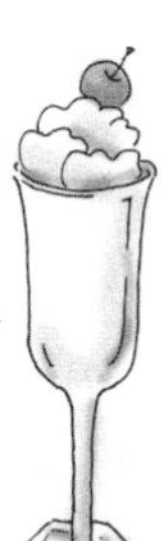

2

30種優質湯方DIY

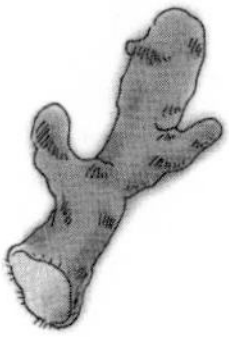

「瘦身健體湯粥方」的優點

「瘦身健體湯粥方」取材自中國美容藥膳，它是以具有養顏、減肥、養生的食物或中藥爲原料，按照所療之疾的配方與特定的食物配合，經過烹調而成。也就是說，「瘦身健體湯粥方」是取藥食之性，食物之味，食借藥力，藥借食威，相輔相成，充分發揮藥膳的治療和保健作用。它既有中國菜餚的風格，又具中藥的特點。

有效瘦身，沒有副作用

由於「瘦身健體湯粥方」是以食物治療爲主的瘦身健體的方法，

因此不同於現代營養學的飲食方法。它最特別的方式，是將常用的食物和具養顏、減肥作用的中藥（也包括食物），加入食物中，達到治療和食療的雙重效果。而且我所選用的食物和中藥，都具滋補平和的特性，並沒有任何副作用，你可以安心使用。

整體觀念是中醫理論的基礎，整體美是美容減肥藥膳的指導思想，人體臟腑功能正常、陰陽平衡、經絡氣運行暢順，才能容顏不衰、毛髮烏黑潤澤、耳聰目明、聲音清亮、體健輕盈。所以經常滋補臟腑氣，才能駐顏美容健身。

千百年來，美容藥膳在整體美的思想下，著眼於臟腑、氣血，充分激發了人體自然調節的功能，從根本上做到了美容、健美、減肥、駐顏防老的效果，且效果穩定，充分顯示了美容藥膳的優越性。

材料易得，做法簡便

「瘦身健體湯粥方」的取材，絕大多數是具有美容、減肥作用的食物，和大家熟知的中藥材。這些材料隨時都可在食品店、超市、中藥店買到，而且製作方法也很容易掌握。如果工作太忙，沒有時間熬煮，你可以利用電子鍋或悶燒鍋，只需放入指定材料，數小時後便可享受色、香、味、療效俱全的瘦身湯粥，既方便又簡單。

減肥並非一朝一夕就可見效的事，更需要恆心和毅力。通常當你發現需要減肥的時候，就會開始打聽、選擇各種減肥方法。到底什麼方法可以使人易於接受，又能長久堅持呢？那當然是可以融入生活當中的美容藥膳「瘦身健體湯粥方」了。我相信，只要平常食用瘦身健體湯粥，體態輕盈、容顏嬌嫩，強健體魄，對你來說是輕鬆又容易的事。

「瘦身健體湯粥方」的最大特色，就是減肥的同時，能夠滋補你的身體，讓你「減去脂肪，挽回健康，容顏亮麗，充滿魅力」。

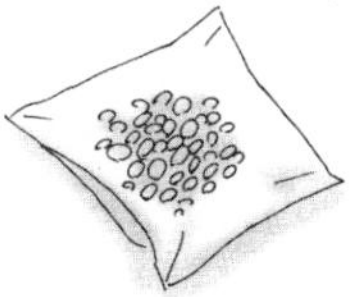

你不可不知的煮湯秘方

「瘦身健體湯粥方中」所使用的材料，有不少選用豬肉、雞、鯉魚等肉類，但一定要記得，只能使用已宰割好的肉類，絕不能親自宰割，或請別人替你下刀。比方說你要吃鯉魚，可以到菜市場買已宰割好的，但是絕不能買一條活生生的，然後回家親自下刀，也不可以買活的再請海鮮攤販替你宰割。因爲這和你的「靈氣」大有關係。

今天你想要吃美容養生湯，無非也是想讓身體健康、容顏美麗、窈窕迷人，但是如果全身充滿著一股「怨氣」的話，縱然擁有再好的五官、窈窕的身段，也不見得吸引別人。

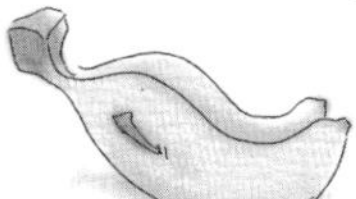

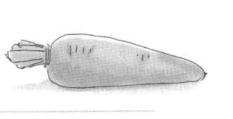

不要喝掉你的靈氣

你不妨去觀察，有些女孩子五官不見得精緻，也談不上是美人兒，但總給人一股靈氣逼人、氣質不凡、魅力無限的印象，即使是不化妝也好看。這種女孩子，大多是心地善良、充滿愛心，連蚊子也不敢殺的人。

相反的，有些女孩就算有一雙又圓又大的眼睛、高挺的鼻子、細薄的櫻桃嘴，但是總給人看不順眼、不敢靠近的感覺，而且卸了妝會嚇壞人的。原因在哪裡？就是在於「靈氣」這兩個字。

長久以來，對於「美」的研究，除了外在的減肥、美容護膚新科技、減肥藥膳、健康食物療法以外，「靈氣學」一直是我致力研究的焦點。這是一種由內而發，充滿魅力與靈氣、吸引群眾，讓人幾乎無法抗拒的眞美。

你也許常常聽到人家很羨慕的說：「喔！那個女孩子很有氣質！」其實你也用不著羨慕別人，你也可以成爲一個很有氣質的人，而「不殺生」是其中的一種方法。不殺生可以讓你去除「怨氣」凝聚「靈氣」。這不是迷信或天方夜譚，是有科學根據的。

「不殺生」讓你散發自然美

《科學素食與健康》中指出：不殺生可避免瞋恚毒素的中毒。瞋恚即是憤怒，不論是人或是動物發怒生氣時，體內都會產生毒素，而這種毒素甚至毒到能致命，科學家也曾做實驗證明。

實驗結果曾經發表在美國的媒體：「哈力斯特在華盛頓心理實驗室做了一項實驗，顯示人類的惡念產生時，體內會分泌一種毒素。試驗時用一支玻璃管置於冰水中，請被試的人，向管口呼吸，呼出的氣體遇冷會凝集於玻璃管中。結果心理正常的人，呼出的凝集液，透明

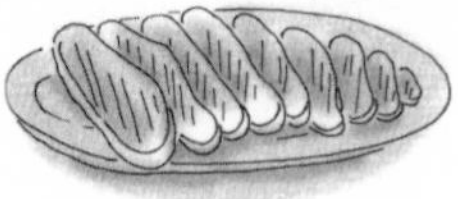

無色無毒；而充滿怨恨、暴躁、恐怖和妒嫉的人，呼出的凝集液，顯然出現不同顏色。」

經過分析證明這些不同顏色的液體，都含有強烈的毒素。「嫉妒」的毒素，可以在數分鐘內毒死一隻老鼠，而怨恨深刻的人呼出一小時的凝集液，則可以毒死八十人。

生氣、怨恨，氣色好不起來

既然哈力斯特實驗發現人類的惡念會激發毒素，動物被殺時因驚恐怨恨所放射出的毒素，其毒力當然也不少，對於殺牠的人，更會恨之入骨。動物也是有靈性的，你不要以爲牠不知道你在殺牠。當你宰殺動物時，牠的一股「怨氣」衝向你，久而久之，你的身體也會不健康、氣色欠佳；再加上你起心動念，提刀下宰的一刻，自身也會產生一種毒素。如此，你從外吸進了「怨氣」，體內又產生了「毒素」，如

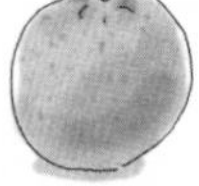

此雙管齊下，你的靈氣也會很快消失無蹤。不管你殺牲畜也好，殺蚊子、蟑螂也好，總之是殺害有生命的靈體，「怨氣」、「毒素」就跟你脫不了關係。

我認識一些熱愛釣魚、打獵、殺生的朋友，他們大多身體不好、臉色灰黑、甚至短命。

其實如果可以的話，「素食」才是最健康的。而我所提供的「瘦身健體湯粥方」所需的肉類部分，可以全部用黃豆來代替。例如「瘦豬肉四兩」改爲「黃豆四兩」功效更好。因爲湯粥方的功效，主要在中藥以及其他植物中，加入肉類只是增加美味而已。

如果你不能一天不吃肉的話，只要吃「三淨肉」即可，再注意平常做到不殺、不害任何生命，健康亮麗、有氣質，還是會與你爲伴。

只吃「三淨肉」是健美秘訣

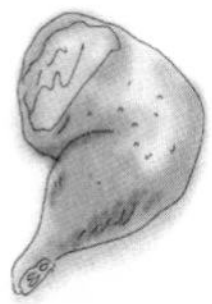

到底什麼是「三淨肉」呢？請你把握住三原則：

1.不要吃親自宰殺的肉。

2.所吃動物不能爲你而死。例如：到海鮮餐館點菜，如果你指著正在游泳的魚兒、蝦子說我要一斤這個，半斤那個，雖然是廚師下刀，但是因爲你，魚蝦才被殺，你還是間接的兇手。現在的海鮮店，大部分已經把海產宰割清洗乾淨放在冰塊上，你可以直接選用。如果你喜歡吃豬、牛、羊、雞、鴨類更不用煩惱，總不會有人在你面前宰一隻豬或牛、羊……吧！

3.不要看見動物被殺，也不要聽見動物被殺的聲音。例如：你到菜市場，剛巧看見攤販殺一隻活雞，那這隻雞還是不要買。總之，最好買已經被處理好的就對了！

烹調「瘦身健體湯粥方」，首先就是選用「三淨肉」，這樣才能達到事半功倍的功效。

另外，我還要再次強調，平常做到不殺生、吃「三淨肉」是培養氣質、散發愛心、健康美麗的秘訣。

飛水

「飛水」這兩個字是廣東話，意思等於「過水」的意思。烹調肉類，一定要「飛水」，以便除去腥味以及泡沫。

做法是，水中加一片薑用大火煮滾，再放入肉類，煮兩到五分鐘（視肉類的大小、厚薄而定），之後，撈起肉類再用清水洗一遍。把「飛水」用過的水倒掉後，再換上乾淨的水煮滾。接下來準備熬湯。

水滾下料

「煲靚湯」是香港人常用的術語，意思是煮一鍋又正點、又好喝的湯，相當於「煮好湯」的意思。「煲靚湯」要記得，把水煮開至大

滾，才把材料放進去，千萬不能把材料放進冷水一起滾。「水滾下料」湯才好喝，又不會黏底。煮湯也是要一氣呵成，不能中途加水或加鹽，應該把湯煮好才加調味料。

材料一定買得到

「瘦身健體湯粥方」所使用的材料、蔬菜、肉類，在菜市場、超市一定可以買得到，至於中藥部分，如陳皮、荷葉、蜜棗、山楂，田七等，在中藥店也可以找到。

葷、素兩相宜

如果你吃素，可以把湯方裡面的肉類如豬肉、雞、魚等改為黃豆。例如：豬肉四兩，改為黃豆四兩，功效不變。

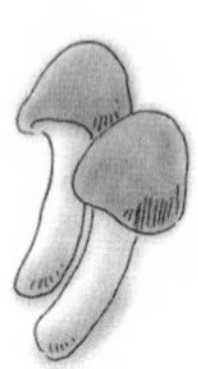

【安麒瘦身健體湯粥方】

養顏減肥雞湯
鮮香菇豆腐湯
冬瓜髮菜美腿湯
紫菜紅蘿蔔湯
鯉魚補血瘦身湯
黃瓜豬骨湯
海帶瘦肉湯
蘋果瘦肉湯
山楂決明瘦肉湯
荷葉瘦身湯
雜菜雞腿湯
番茄芹菜瘦肉湯
冬瓜薏仁瘦肉湯
山楂蘿蔔瘦身湯
冬瓜鯉魚湯

北耆鯉魚湯
荷葉山楂瘦身湯
雙菇冬粉湯
冬瓜蔘耆雞湯
田七除斑瘦身湯
何首烏養顏瘦身湯
減肥除痘湯
荷葉粥
綠豆瘦身去痘粥
山藥枸杞粥
生薑粥
茯苓粥
大蒜粥
玉米胡蘿蔔粥
養顏瘦身粥

養顏減肥雞湯

什麼人最應該喝?
➡ 臉色蒼白、皮膚乾燥、粗燥的肥胖族。

功效：清肺化痰、健脾、去水腫、養血，適合貧血、水腫、痰多、臉色蒼白的肥胖者。

材料：帶皮冬瓜一斤半、雞一隻、豬瘦肉四兩、香菇（冬菇）十個、紅棗十五枚、生薑兩片、鹽適量。

做法：
1. 雞、豬瘦肉洗乾淨後切片，飛水。
2. 香菇去蒂、泡水三小時或一個晚上（香菇水千萬不要倒掉）。
3. 紅棗去核備用。
4. 冬瓜連皮切塊。
5. 把水煮滾，加入雞、瘦肉、紅棗、香菇連同香菇水、薑，用大火煮十分鐘，再轉文火煮兩個小時，然後加入冬瓜連皮煮三十分鐘，加鹽調味即可。

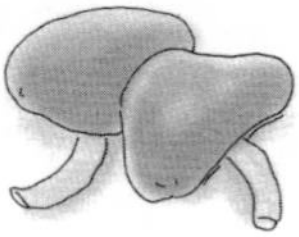

說明：冬瓜味甘、微寒、無毒，能除小腹水脹、利尿去濕，且能「益氣耐老」，具有顯著的健脾氣消水的作用。長期吃冬瓜，可消除體內多餘水液，從而達到減肥目的，冬瓜的減肥功效，在《食療本草》上說：「欲得體瘦輕健者，則可長食之；若要肥，則勿食也。」可見冬瓜的功效眞的不是蓋的。

香菇則可降低血脂肪及降低膽固醇。再加入雞肉、豬肉、紅棗的補益功效，對氣血兩虛而臉色蒼白，皮膚乾燥、粗糙等問題，有改善的功效。因此，這道湯方具有減肥、養生、補身，讓臉色紅潤等多重功效。

鮮香菇豆腐湯

什麼人最應該喝?

身體燥熱、牙肉紅腫、血壓過高的肥胖族。

功效：清熱解毒、降低血脂、潤澤肌膚、降低血壓。

材料：新鮮香菇半斤、豆腐兩塊、瘦豬肉六兩、生薑一片、鹽或鮮味露適量。

做法：1.豬肉洗乾淨切片，飛水。

2.把水煮滾，放入鮮香菇、生薑、豆腐、用大火煮十分鐘，再轉中小火煮至香菇熟透，再放入豬肉片，待肉片熟透後，加入鹽或鮮味露調味即可。

說明：如果身體過分肥胖、身體燥熱、牙肉紅腫，可常喝這道湯。香菇降血壓、降血脂的功效，在中醫學上已廣爲人知，在日本也備受推崇。

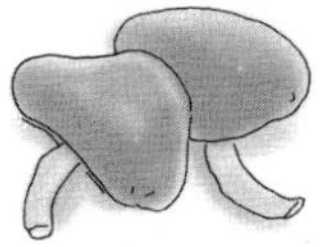

早在十多年前，日本就有一位營養專家做過動物實驗，證明了香菇有降低血壓的作用。他把老鼠分成兩組，一組餵香菇水，一組餵普通水。結果證明，喝香菇水的一組，血壓都有顯著的下降。

日本國立營養研究所也曾調查過人類食用香菇的情況，發現只要持續食用香菇一星期，血中膽固醇的數值，可以降低百分之六十。而且香菇能減少血液中的脂肪和皮下脂肪，因此胖子常吃香菇，能保持輕盈體態，再配合營養豐富的豆腐、滋陰補肌的豬肉，就能達到瘦身美顏的功效。

冬瓜髮菜美腿湯

什麼人最應該喝?
腿部肥腫的肥胖族。

功效：去濕利水、消滯清腸、消除腿部肥腫。

材料：帶皮冬瓜兩斤、髮菜五錢、薏仁二兩、瘦豬肉半斤。

做法：1. 豬肉洗乾淨，切塊，飛水。
2. 髮菜用一碗水加兩滴油浸泡半小時後，把雜質清洗乾淨。
3. 冬瓜連皮切塊，薏仁洗乾淨備用。
4. 把水煮滾，放帶皮冬瓜、瘦肉、薏仁，大火煮十分鐘後，轉文火煮兩小時，最後放入髮菜再煮十五分鐘，加鹽調味即可飲用。

說明：髮菜是一種野生藻類植物，含有蛋白質、碳水化合物、鈣、

鐵、藻膠，及多種微量原素。有清熱化痰、消滯、清腸除斑的功效。

冬瓜能除小腹水脹、利尿去濕，且能「益老耐老」，有顯著的健脾益氣消水的作用。長期食用冬瓜、可消除體內多餘水液，而達成減肥目的。

薏仁能健脾、利尿消腫。

綜合以上材料，能去除肥腫、化痰、消除腿部腫脹。

紫菜紅蘿蔔湯

什麼人最應該喝?
視力退化、貧血的肥胖族。

功效：美肌膚、清腸胃、減肥、明目。

材料：紫菜五錢、芹菜四兩、紅蘿蔔一個、排骨一斤。

做法：
1. 排骨洗乾淨，飛水。
2. 紫菜用清水洗乾淨，芹菜切段，紅蘿蔔切粒。
3. 水煮滾，放入全部材料，大火煮十分鐘，轉文火煮兩個半小時，加入鹽或鮮味露調味即可食用。

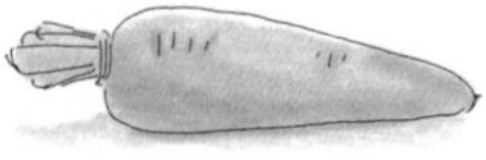

說明：紅蘿蔔，有「小人蔘」之稱，含有豐富胡蘿蔔素、維他命B、C、E和鈣質，也含有蔗糖和葡萄糖，有極佳的造血功效。它所含的胡蘿蔔素，被人體吸收後會變成維他命A，而維他命A除了有保護視力作用外，更有保護和促進表皮細胞新陳代謝的

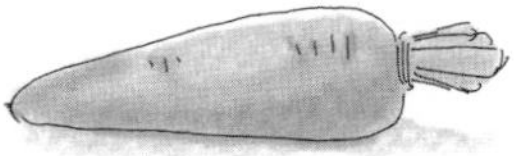

作用。人體缺乏維他命A，皮膚會變得又厚又硬又粗糙，所以常吃紅蘿蔔可讓眼睛明亮，肌膚亮麗。

芹菜及紫菜同樣具有降血壓、清熱、利尿的作用。芹菜的營養豐富，含有蛋白質、粗纖維、鈣、鐵、胡蘿蔔素等成分，對高血壓、血管硬化、貧血有很好的食療作用。

常喝此湯可養顏美容、成功減肥。

鯉魚補血瘦身湯

什麼人最應該喝?
● 身體虛弱、浮腫、眼花、臉色蒼白、精神不振的肥胖族。

功效：滋陰補血、益肝腎、明目安神、健脾補氣、利尿消腫。

材料：黑豆四兩、生薑兩片、紅棗十粒、鯉魚一條、陳皮一小塊、胡椒鹽粉適量。

做法：1. 鯉魚去鱗、鰓、鰭、內臟清洗乾淨，加少許油在鍋中，略煎至金黃色。
2. 將黑豆去瓤粒並清洗乾淨，放入鍋中，不必放油，炒至豆衣裂開，再用清水洗乾淨，備用。
3. 紅棗去核，生薑去皮，陳皮洗乾淨，備用。
4. 水煮滾，先放入黑豆、紅棗、陳皮、生薑大火煮十分鐘，再轉文火煮一個半小時，最後放入鯉魚，煮三十分鐘後加入胡椒鹽粉即可。

安麒瘦身健美湯

說明： 這道湯具有健脾、補血作用。如果血虛、頭暈、頭痛、精神不振、視物眼花、臉色蒼白、水腫，可以喝此湯作爲食療。

黑豆又名烏豆，有滋陰補血、益肝腎、明目、安神的作用。

生薑有解毒、散寒、溫胃的作用。

紅棗有補氣、健脾、補血的作用。

陳皮有行氣健脾、燥濕化痰的作用。

鯉魚有利尿消腫的作用。

綜合以上材料服用，對身體虛弱、臉色蒼白、身體浮腫的症狀，將可改善。

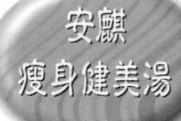

安麒
瘦身健美湯

黃瓜豬骨湯

什麼人最應該喝?
水腫型的肥胖族。

功效：去濕消滯、輕身健美、消除腿部肥腫。

材料：黃瓜一斤（最好用老黃瓜）、薏仁二兩、豬骨一斤、蜜棗五粒。

做法：1.豬骨洗乾淨，切塊，飛水。

2.其他材料洗乾淨備用，黃瓜切塊。

3.水煮滾，加入以上所有材料，用大火煮十分鐘，再轉文火煮兩個半小時，加入調味料即可飲用。

說明：黃瓜含纖維素，能促進膽固醇及腸道腐敗物的排出，黃瓜也同時含有丙醇二酸，可以抑制糖類物質轉變為脂肪，因而能減肥輕身。

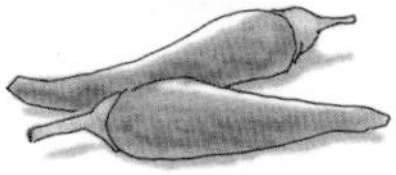

薏仁有健脾、補肺、利尿的功效，中醫常用於治療腳氣病、風濕性關節炎等症。

《神農本草經》更把薏仁列為上品，具有「久服輕身益氣」功效。

這道湯味道鮮美，對於水腫型肥胖，特別是腿部肥胖、腫脹的人有很大的幫助。

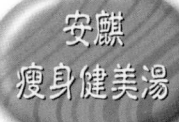

海帶瘦肉湯

什麼人最應該喝?

糖尿病、膽固醇過高的肥胖族。

功效：清熱去濕、減肥輕身。

材料：帶皮冬瓜一斤、海帶二兩、陳皮一小塊、瘦豬肉四兩。

做法：1.瘦豬肉洗乾淨切片，飛水。

2.冬瓜連皮切塊，海帶先泡水，將泥、雜質清洗乾淨，切段。

3.水煮滾後，放入以上所有材料，用大火煮十分鐘後，轉文火煮兩個小時，加入鹽調味料即可飲用。

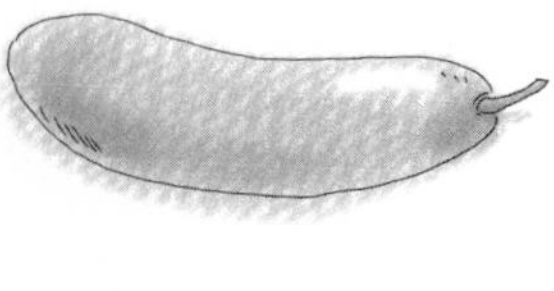

說明：冬瓜不含脂肪，含鈉較低，又可以利尿去濕，因此常吃冬瓜有明顯的減肥輕身作用，對腎炎浮腫也有消水腫的功效，而對治療糖尿病的肥胖情形，也有一定的效果。

海帶為海產植物，含有豐富碘質及多種微量元素，有消除脂肪及膽固醇的功效，所以也有減肥的作用。

【現身說法】減肥也可以吃到飽（馬小姐　三個月瘦12公斤）

「想不到在短短的三個月，又不用挨餓，不用辛苦的運動，就可以輕鬆的減去12公斤。」這是馬小姐寫給我的信部分內容。她是看見我在電視上提供一些減肥湯方，抱著「安麒老師煮的湯好像很好吃的樣子，管它真的有效或沒效，煮來試試看也好！」的心情開始嘗試的，想不到喝了兩星期已瘦了3公斤，所以體重64公斤的的她，就乖乖的繼續吃下去。她說讓她吃得飽很重要，雖然是用減肥湯代替一餐，但除了喝湯，也可以吃湯裡的材料，好喝又飽腹，所以可以堅持三個月。

馬小姐之前試過很多減肥方法，什麼「減肥膠囊」、「營養代餐」、「軍人減肥菜單」等等，通通沒有效果，因為她如果挨餓的話，會變得脾氣暴躁，精神不穩，以致無法專心工作，好幾次因為減肥，沒把工作做好，而被公司開除。現在她找到新工作了，在此祝福她。

蘋果瘦肉湯

什麼人最應該喝?
臉色蒼白、皮膚乾燥、粗燥的肥胖族。

功效：消脂減肥、清理腸胃、清肺熱、美肌膚。

材料：海帶二兩、蘋果兩個、瘦豬肉半斤。

做法：1.瘦豬肉洗淨切片，飛水。
2.蘋果去皮，切塊，海帶泡水洗淨。
3.水煮滾，放入所有材料，用大火煮十分鐘，轉文火煮兩小時，加入鹽調味即可食用。

說明：蘋果含有食物纖維可以預防動脈硬化，蘋果中的果膠，也能把血中的膽固醇正常化，並可清除便秘、分解體內有毒物質，避免腐敗物長期滯留腸中，而且有降血壓的作用。
海帶爲海產植物，含有豐富碘質及多種微元素，有消除脂肪及

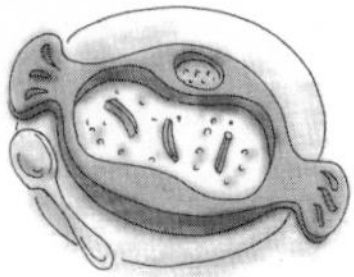

膽固醇的功效。海帶所含的鉀，在人體內可以促進鈉的排泄，防止血壓的上升。

另外，海帶中含有藻朊酸，和蔬菜所含的食物纖維一樣，有防止肥胖的作用，使肌膚保有光澤和彈性。常喝這道湯，可讓肌膚亮麗、身段迷人。

山楂決明瘦肉湯

什麼人最應該喝?
高血壓、高血脂、便秘的肥胖族。

功效：清肝火、通便秘、減肥、健脾胃。

材料：瘦豬肉三兩、山楂一兩、草決明（決明子）一兩、糖一茶匙、鹽適量。

做法：1.瘦豬肉清水洗淨切片，飛水。
2.山楂、決明子清洗乾淨。
3.適量的水煮滾，放入所有材料，大火煮十分鐘，轉文火煮一小時半，加糖、鹽調味即可飲用。

說明：《神農本草經》把決明子列爲「上品」藥材。中醫認爲，決明子味甘微苦、性涼無毒，主要功用有二：一、爲清肝熱，二、爲通大便。凡因肝火偏旺、肝腸上擾，包括高血壓、高血脂所導致的頭昏頭暈、頭痛腦脹，以及慢性便秘，都可使用決明子。

山楂能促進脂肪分解多種機酸，可以提高蛋白分解的活性，使脂肪易被消化，也有降血壓、降低膽固醇的作用。常喝這道湯，可保身段窈窕、身體健康。

注意：胃酸過多不宜飲用。

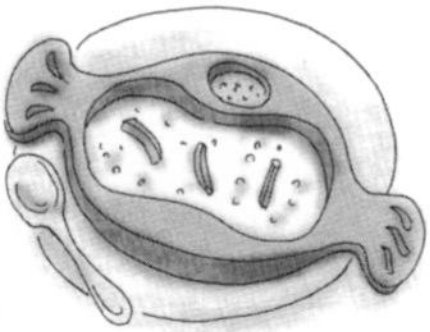

荷葉瘦身湯

素食可服用

什麼人最應該喝?

高血壓、高血脂的肥胖族。

功效：利尿去濕、降血壓、降血脂、減肥、肌膚有光澤。

材料：帶皮冬瓜一斤、荷葉一張（買新鮮或是到中藥店買乾的均可）、薏仁三兩、扁豆一兩、薑三片。

做法：1.冬瓜連皮切塊，其他材料洗乾淨備用。

2.水煮滾放入荷葉，大火煮十五分鐘，荷葉撈起丟棄。

3.再放入所有材料，大火煮十分鐘，再轉文火煮兩個半小時，加入鹽調味即可食用。

說明：《飲食治療指南》中說：「荷葉升清、消暑、化熱、寬中、散熱，主治暑熱、水腫、瘀血症」。據近代醫學研究發現，荷葉的有效成分是荷葉酸、荷葉甘、蓮鹼等。

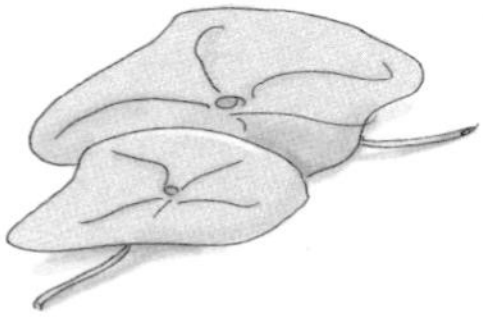

荷葉的浸劑和煎劑在動物實驗中能直接擴張血管，引起中度降血壓作用。荷葉味甘、味苦不僅能降血壓，更能降低血脂肪以達到減肥的功效。在中國醫學認爲，荷葉是減肥的一大良方。冬瓜能降除小腹水脹、利尿去濕，且能「益氣耐老」，使肌膚亮澤。長期吃冬瓜，可使身段窈窕。在《食療本草》上說：「欲得體瘦輕健者，則可常食之，若要肥則勿食也。」薏仁，在《神農本草經》中已被列爲上品，具有「久服輕身益氣」，以及健脾、補肺、利尿的功效。而且薏仁含有豐富的碳水化合物、蛋白質、維生素B_1以及各種氨基酸，因此能補充皮膚所需的營養成分，使肌膚亮澤、細嫩。這道湯兼具美肌膚、瘦身段的雙重功效。

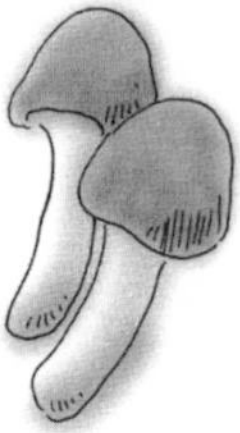

雜菜雞腿湯

什麼人最應該喝?
水腫、高血壓、高血脂的肥胖族。

功效：消脂、去水腫、降血壓、養顏美容。

材料：去皮雞腿一支、香菇五朵、草菇五朵、生薑一片、紅蘿蔔一根、玉米一根、玉米鬚一把（中藥店有賣）、芹菜、綠花椰菜適量、調味料少許。

做法：
1. 雞腿去皮，除骨，飛水。
2. 香菇去蒂，泡水三小時或一個晚上，香菇水保留備用，玉米、紅蘿蔔切段。
3. 玉米鬚洗乾淨，用兩碗水煮滾，放入玉米鬚煮十五分鐘，撈起玉米鬚，保留玉米鬚水備用。
4. 適量水煮滾，先放入香菇水、玉米、紅蘿蔔、草菇、薑、玉米鬚水，大火煮十分鐘，再轉文火煮一小時，然後加入芹

菜、綠花椰菜、雞腿肉。煮熟雞腿肉後，加入調味料、鮮味露即可食用。

說明：這道湯色、香、味、減肥療效俱全，好看、好吃，又能養顏瘦身。湯中的蔬菜確實對身體有益，因爲其中含有各種維他命、礦物質、葉綠素、微量元素和酵素，這一些東西可以幫助我們清除體內的廢物，避免內臟受到污染。而且蔬菜所含的纖維也可以清除腸壁、促進排便、淨化體內器官。香菇能降血脂、降血壓，玉米鬚能利尿去水腫。

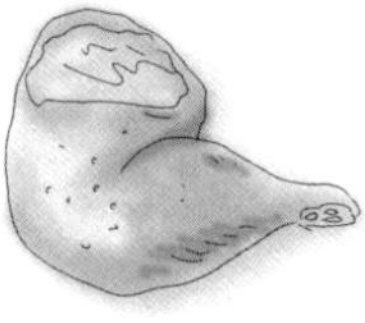

番茄芹菜瘦肉湯

什麼人最應該喝?
貧血、神經衰弱、高血壓、高膽固醇的肥胖族。

功效：降血壓、降低膽固醇、減肥、使臉色紅潤。

材料：番茄半斤、芹菜半斤、瘦豬肉四兩、 生薑兩片。

做法：1.瘦豬肉洗淨切片，飛水。
2.水煮滾，放入豬肉、芹菜、番茄、生薑，用大火煮十分鐘，再轉文火煮一個半小時，加鹽或鮮味露調味即可食用。

說明：番茄，有止渴生津、健胃消食、涼血平肝、清熱解毒、降低血壓的作用。芹菜清熱利水、治血瘀妄行，可使血液循環正常，而且營養豐富，含有粗纖維、鈣、鐵、胡蘿蔔素等成分。常吃芹菜，對高血壓、血管硬化、貧血、神經衰弱等，都有輔助治療的作用。常喝這道湯，可以保持臉色紅潤、腸胃舒適、身材窈窕。

【現身說法】減去脂肪，挽回健康（施小姐　兩個月瘦6公斤）

施小姐，來信說：「安麒老師，我身高162公分，體重60公斤，下半身特別肥，而且身體不好、手腳常常冰冷，又容易疲勞，身體常有水腫的情況出現，肌肉鬆鬆軟軟的好難看！我已經吃得很少，但也瘦不下來，而且可能因為吃得太少，身體越來越不好。雖然我不算嚴重肥胖，但肥肉全堆積在下半身，我好煩惱啊！救救我好嗎？」

從她的來信，我知道她屬「陰型肥胖」，於是我建議她吃「生薑粥」、「鯉魚補血瘦身湯」、「冬瓜蔘耆雞湯」。以她的身體狀況，除了要減肥，更要好好的補身、增加代謝量。我建議她用米酒一杯加入泡澡水中泡，每星期三次可以幫助新陳代謝，然後配合「瘦身健體湯粥方」計畫進食。

兩個月後她來信說：「我現在已經瘦了6公斤，而且臉色變紅潤呢！手腳冰冷的情況也改善了，真的很謝謝妳！」

冬瓜薏仁瘦肉湯

什麼人最應該喝?
體重過胖的胖哥胖妹。

功效：利尿去濕、美白潔膚、瘦身健體、健脾補肺。

材料：冬瓜一斤、薏仁三兩、瘦豬肉六兩、陳皮一小塊、生薑一片。

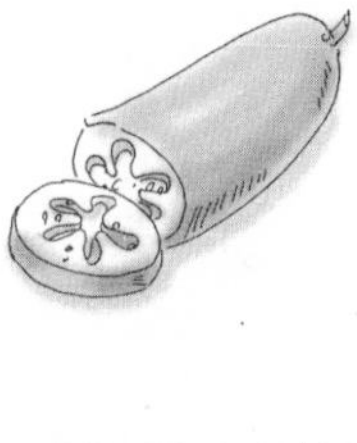

做法：1.瘦豬肉洗乾淨切片，飛水。
2.冬瓜連皮切塊，薏仁洗淨。
3.水煮滾，加入所有材料，大火煮十分鐘，轉文火煮兩小時，加鹽或是鮮味露調味即可食用。

說明：冬瓜能除小腹水腫、利尿去濕，且能「益氣耐老」，使肌膚有光澤。長期吃冬瓜可使身段窈窕。《食療本草》上說：「欲得體瘦輕健者，則可長食，若要肥則勿食也。」可見冬瓜瘦身有很

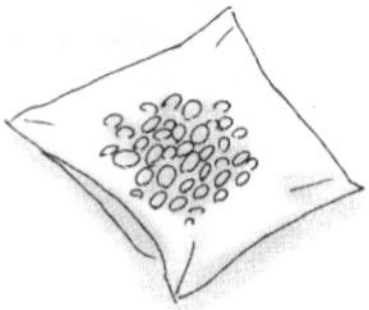

大的功效。

薏仁，在《神農本草經》中已被列爲上品，具有「久服輕身益氣」以及健脾、補肺、利尿的功效，而且薏仁含有豐富的碳水化合物、蛋白質、維生素B_1和多種氨基酸，因此能補充人體所需要的營養成分，使肌膚亮澤細嫩。如果你也想讓皮膚白裡透紅、身材纖瘦，應可常喝這道湯。

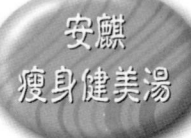

山楂蘿蔔瘦身湯

什麼人最應該喝?
便秘、膽固醇過高、高血壓的肥胖族。

功效：消積減肥、利水消腫、去除多餘脂肪。

材料：白蘿蔔一斤、山楂片三錢、陳皮二錢、瘦豬肉四兩、蜜棗四粒。

做法：1. 瘦豬肉洗淨切片，飛水。
2. 白蘿蔔去皮切塊。
3. 水煮滾，加入以上所有材料，用大火煮十分鐘，再轉文火煮兩個半小時後，加入調味料即可飲用。

說明：白蘿蔔，古稱萊服，爲十字花科植物萊服的新鮮根。明．李時珍《本草綱目》中，稱讚白蘿蔔「乃蔬菜中最有利益者」。根據中國醫學文獻記載，白蘿蔔有消化、順氣、醒酒、化痰、治

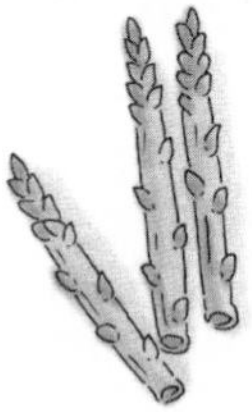

喘、利尿，散瘀和補虛等功效。適用於食積脹滿、肥腫、痰多等症狀。

此外，白蘿蔔含有粗纖維的芥子油，能促進胃腸蠕動，幫助消化，減少糞便在腸道內停留的時間，保持大便通暢。眾所皆知，「便秘」是導致肥胖的最大因素之一。

山楂在過去一直被視爲消積藥，認爲它能消食肉積、治血化瘀、化滯消積。同時，山楂還有降低血壓、降低膽固醇，以及改善心臟毛病等功效。

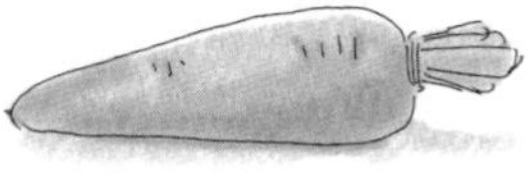

冬瓜鯉魚湯

什麼人最應該喝?
腎炎、糖尿病的肥胖族。

功效：消熱解毒、利尿減肥、美化肌膚容顏。

材料：帶皮冬瓜一斤、鯉魚一條、生薑三、蔥兩條、白糖半茶匙、胡椒粉適量、米酒兩湯匙。

做法：1. 鯉魚去鱗、鰓、鰭、內臟，洗淨，加少許油在鍋中，略煎至金黃色。

2. 冬瓜連皮洗淨，切片備用。

3. 四碗水煮滾，加入煎好的鯉魚、冬瓜連皮、生薑、蔥、白糖、米酒用中火煮至魚熟瓜爛，加入胡椒粉、鹽調味即可食用。

說明：冬瓜、鯉魚均爲清熱解毒、利水消腫的佳品。鯉魚可健脾化

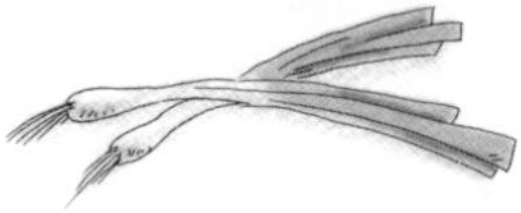

濕，對虛浮性水腫、肥胖有一定功效。冬瓜含鈉低，不含脂肪、利尿作用好，對於潤澤肌膚也有很好的功效。這道湯方不僅是減肥、美膚佳品，也是腎炎、糖尿病患者的理想輔助食品。

【現身說法】努力減肥中（吳小姐　兩個月縮減18吋）

吳小姐生完小孩以後，一直沒有減肥，她生產前是55公斤，產後一直維持在70公斤，因為專心帶小孩，沒有注意自己的身材，現在孩子三歲啦，會走路、會說話又上學了，她才安心的交給佣人照顧。

雖然她屬於全身肥胖，但是腰腹部分更特別的肥腫，因此她除了接受「唐安麒の體雕法」的減肥課程外，我還安排她在腰腹加做「熱能酵素」，這樣可加強腰腹縮減的吋數。她很勤快，每星期準時做三次課程，從不缺席，每天也配合「宇宙自然飲食法」進食，再加上我為她的體質而調配的「冬瓜鯉魚湯」「荷葉瘦身湯」，在家中自己煮，所以很快的就瘦了8公斤，全身共縮減了18吋，單單腰圍已經瘦了4吋。

北耆鯉魚湯

什麼人最應該喝?
水腫虛胖的肥胖族。

功效：壯陽補氣、利水消腫。

材料：北耆片二兩、鯉魚一條（約八兩重）、陳皮一錢、生薑五片、蔥兩條。

做法：1.鯉魚去鱗，剖腹去內臟，洗淨，加少許油略煎至金黃色後備用。

2.北耆片切斷，陳皮、生薑洗淨備用。

3.三碗水煮滾，加入鯉魚，北耆片、陳皮及生薑，大火煮十分鐘，再轉文火煮三十分鐘後加入蔥、鹽燜三分鐘即可吃魚喝湯。

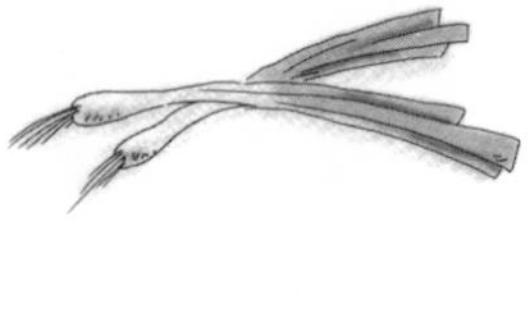

說明：北耆味甘性微溫，有補氣升陽、健脾利水的功效。鯉魚可健脾

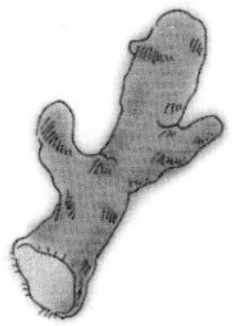

化濕、利水消腫、對虛浮水腫、肥胖有一定的功效。北耆與鯉魚同煮，有協同作用，加入陳皮行氣、生薑和胃、生蔥通陽。所以這道湯對於虛肥症有一定的療效。

注意：體質燥熱的人，最好不要喝這道湯。

荷葉山楂瘦身湯

什麼人最應該喝?
容易胃酸、飯後飽脹、高血壓、高膽固醇的肥胖族。

功效：健脾胃、助消化、降血脂。

材料：荷葉一張（買新鮮的或到中藥店買乾的均可）、山楂肉一兩、薏仁二兩、瘦豬肉四兩、陳皮一小片、鹽少許。

做法：1.瘦豬肉洗淨切片，飛水，其他材料洗淨備用。
2.水煮滾放入荷葉，大火煮十五分鐘，荷葉撈起丟棄。
3.水煮滾，放入以上所有材料，用大火煮十分鐘，再轉文火煮兩小時，加鹽調味即可食用。

說明：山楂是一種食、藥兼用的果品，味甘酸甜、有健胃消化食積、活血化瘀的作用。對於肉食過多、積滯不化、胃酸飽脹等，爲

常用之藥。山楂還有擴張冠動脈、舒張血管、增加冠動脈血管流量、改善心臟活力、降低血壓、降低膽固醇以及強心作用。荷葉味甘、微苦，據近代研究發現，荷葉的有效成分是荷葉鹼、荷葉甘、蓮鹼等。荷葉的浸劑和煎劑在動物實驗中，有直接擴張血管，引起中度降血壓作用。因此荷葉、山楂，再配合利尿去濕能美白肌膚的薏仁，搭配滋陰補肌、潤腸胃的豬肉，就是一道養生、美顏、瘦身的湯方。

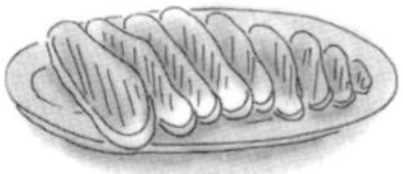

雙菇冬粉湯

素食者可服用

什麼人最應該喝?
❶ 動脈硬化、高血壓、高膽固醇的肥胖族。

功效：去除體內積聚的脂肪、降血壓、降低膽固醇。

材料：香菇（冬菇）六個、新鮮草菇十個、冬粉（粉絲）一兩、鹽適量、生薑絲適量。

做法：1. 香菇洗淨去蒂，用清水泡香菇，水保留。
2. 冬粉洗淨後泡水至軟。
3. 兩碗水煮滾後，加入香菇及香菇水、草菇，用中小火煮一小時，最後加入冬粉、薑絲煮至冬粉熟透，加鹽調味即可。

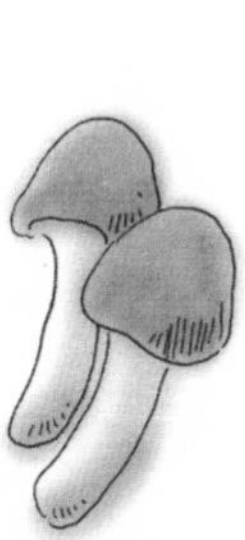

說明：香菇是營養豐富、味道鮮美的有益食物，所含蛋白質極高，含有三十多種脢，十八種氨基酸及維他命A、B1及D，其中有一種核酸類物質，可以抑制血清及肝臟中膽固醇的上升，可防止

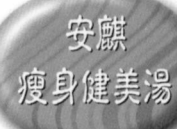

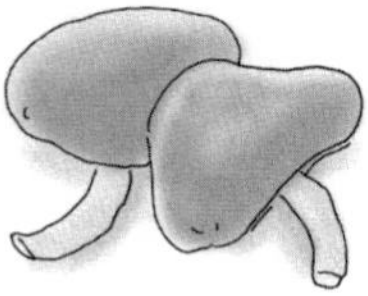

動脈硬化、降低血壓、預防心血管疾病。這道湯既可減肥，也可以飽腹，而且瘦的健康。

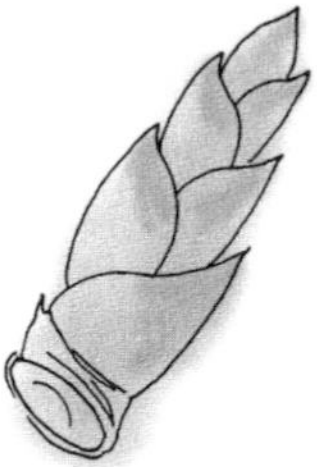

冬瓜蔘耆雞湯

什麼人最應該喝?

嗜睡、疲倦、四肢浮腫、臉部虛胖的肥胖族。

功效：健脾益氣、利濕輕身。

材料：雞胸肉二百克 、黨蔘三克、黃耆三克、帶皮冬瓜二百克、黃酒兩湯匙、鹽適量。

做法：1. 雞肉切塊，飛水。

2. 其他材料洗淨備用，冬瓜連皮切塊。

3. 約五百毫升的水煮滾，再加入雞肉、黨蔘、黃耆，用大火煮十分鐘，再轉文火煮一個半小時，最後加入連皮冬瓜，用中小火加黃酒再煮三十分鐘，加入鹽調味即可飲用。

說明：黨蔘、黃耆、雞肉補氣和中、健脾強胃；冬瓜清熱解毒、利濕，還有祛痰功效。

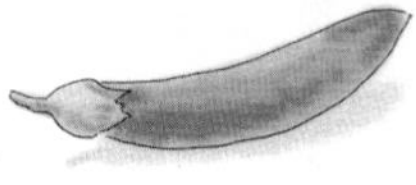

四樣材料配合，使脾氣得升、水濕得化，脾氣虛造成的疲倦、嗜睡、四肢浮腫、臉部虛胖的人最適合這道湯。

田七除斑瘦身湯

什麼人最應該喝?
長斑、嘴唇顏色深紫、容易疲勞、月經不順。

功效：活血散瘀、降低膽固醇、除斑、加速新陳代謝、改善晦黑臉色。

材料：田七三錢、瘦豬肉八兩、紅棗六粒、生薑兩片、鹽適量。

做法：1. 瘦豬肉洗乾淨切塊，飛水。
2. 紅棗去核，田七片洗淨備用，生薑去皮。
3. 水煮滾，放所有材料，用大火煮十分鐘，再轉文火煮兩小時，加鹽調味即可食用。

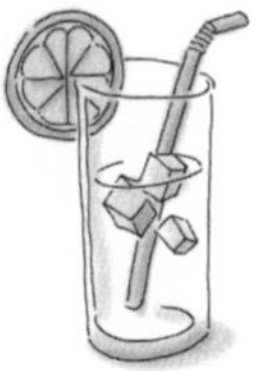

說明：這道湯甘中帶苦。田七，性味甘、微苦、微溫。如果臉色晦黑、長斑、口唇顏色深紫、容易疲勞、肥胖、婦女月經不順、有痛經症狀，常喝這道湯即可改善。因爲田七有活血散瘀、消

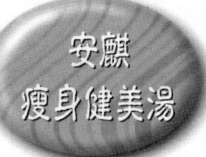

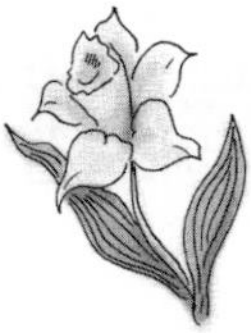

斑散結、加速新陳代謝，以及降低膽固醇的功效。

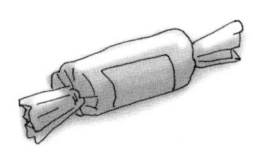

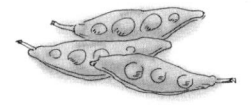

何首烏養顏瘦身湯

什麼人最應該喝?
● 動脈硬化、神經衰弱的肥胖族。

功效：補肝益腎、補血養顏、潤腸活血、降脂瘦身延年不老。

材料：何首烏一兩、紅棗十枚、豬肝六兩、菠菜半斤、薑二片、米酒兩湯匙。

做法：1.豬肝切薄片，用鹽洗淨，再用兩飯碗水加入米酒，浸泡五分鐘後備用。
2.何首烏洗淨，紅棗去核。
3.適量水煮滾，先放入何首烏、紅棗、薑煮一個半小時，再加入菠菜、豬肝。等豬肝熟透，加鹽或鮮味露調味，即可食用。

說明：在中國古代醫書中，有很多關於何首烏能烏鬚黑髮、反老還童

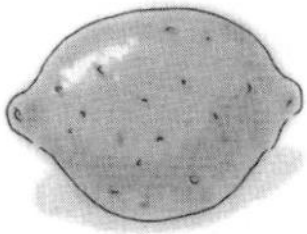

的記載。這些說法雖近乎神話，但何首烏是一種良好的滋補強壯劑，古今的認識還是一致的。宋代《開寶本草》說：「何首烏益血氣、黑髭鬢、悅顏色，久服長筋骨、益精髓、延年不老。」

有一種名叫「七寶美髯丹」的抗衰老成藥，據說就是古代一位老中醫用做治老弱、黑髮髭的方劑獻給皇帝的，其中主藥就是何首烏。

何首烏之所以有延年的作用，是因爲含有卵磷脂的緣故。何首烏還能治療神經衰弱症，並有助於血液的再生，而且能降低血脂、緩解動脈硬化，再加上豬肝、紅棗、菠菜的補血、補肝作用，這道湯便成爲強身、延年益壽的減肥湯方。

減肥除痘湯

陰型肥胖者請勿食用

什麼人最應該喝?
滿臉痘痘、背長膿瘡的肥胖族。

功效：去濕清熱、去痰火、治膿瘡、改善面皰及身體肥腫。

材料：昆布一兩、海藻一兩、綠豆一兩、生地一兩、瘦豬肉四兩。

做法：1. 瘦豬肉洗淨切片，飛水。
2. 昆布、海藻泡水、洗淨，綠豆洗淨後泡水一小時。
3. 水煮滾後，加入所有材料，大火煮十分鐘，轉文火煮兩小時，加入鹽或少許鮮味露即可食用。

說明：昆布味鹹而性寒，可以清熱、散結、除痰火結核、改善甲狀腺腫大。
海藻、味苦鹹、性寒、清熱除痰，功效與昆布大致相同。
綠豆味甘、性涼、能清熱解毒、消暑利水，用於暑熱煩渴、水

腫、瀉痢、丹毒、解毒藥。

生地能清熱、涼血、生津。

綜合以上材料，再加入滋陰潤燥的瘦豬肉，即可達到減肥、去水腫、解毒、去痘痘、治膿瘡的多種功效。如果你現在滿臉痘痘、背長膿瘡、身體肥胖，應該趕快煮這道湯給自己喝。

荷葉粥

什麼人最應該吃?
高血壓、高血脂的肥胖族。

功效：減肥、解暑熱、散瘀血、降血壓、降血脂、化熱、消水腫等。

材料：白米一百克、荷葉一張（中藥店有賣）、冰糖少許。

做法：1.白米、荷葉洗淨備用。
2.先將荷葉一張洗淨後煎湯（荷葉撈起丟棄），再用荷葉湯加米、冰糖少量共同煮成粥。也可用荷葉煎水，連續飲用三十天，每天一次，效果更快。

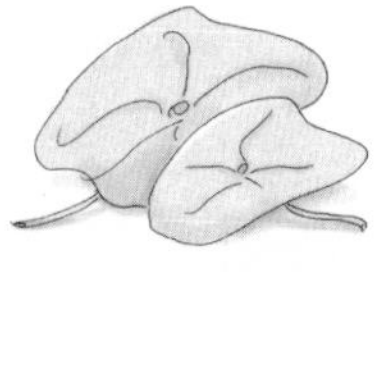

說明：《飲食治療指南》說：「荷葉粥升清、消暑、化熱、寬中、散瘀、主治暑熱、水腫等症。」荷葉對降血壓、減肥功效尤其顯著。

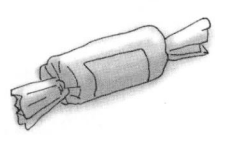

【現身說法】告別肥胖，斑點拜拜（林小姐　兩個月瘦7公斤　全身縮減15吋）

林小姐到我的「體雕中心」參加了「唐安麒的體雕法」減肥課程，因為她臉上很多斑點而且膚質粗糙，所以同時做「肌膚再生法」。她是一位職業女性，身居要職，非常努力工作，常常熬夜，肝功能很不好，有時應酬吃很多，有時忙起來又可能完全忘記吃，所以胃也不好。

我跟她說：「請好好愛惜自己的身體，否則不管妳花多少錢做保養，也會老得很快，我看妳臉上的斑點，是肝功能不好引起的，『肌膚再生法』只能改善外因性斑類，你應該多喝湯水調理妳的體質。『田七除斑瘦身湯』、『何首烏養顏瘦身湯』很適合妳喝，試試看吧！」

過了一陣子，她提著大包小包的到總公司找我，一看就知道她去瘋狂購物。她掩不住興奮的說：「我瘦了7公斤耶！我的腰瘦了3吋，臀圍5吋，舊的褲子完全都不能穿。還有呀，我現在的皮膚多白嫩，不搽粉也可以，而且可以讓人細看，來看清楚吧！近一點，再靠近一點！」

綠豆瘦身去痘粥

素食可用，陰型肥胖禁食

什麼人最應該吃?
長青春痘的胖哥、胖妹。

功效：解熱毒、消水腫、除暗瘡、降血脂、美肌膚。

材料：薏仁二兩、綠豆二兩、米二兩、陳皮一小塊。甜食加冰糖，鹹食加一罐高湯。

做法：薏仁、綠豆洗淨後，泡水三小時或一個晚上，把適量水煮滾，加入所有材料同煮成粥。

說明：綠豆不僅是食物，中國古代醫學家也早已把它當成一種良好的清熱解毒中藥。綠豆味甘性寒、入胃與心經，有清暑止渴、解毒利水的功效。中醫臨床常用於治療暑熱煩渴、熱毒瘡癤、丹毒、小便不利，以及各種中毒的解救。

《隨息居飲食譜》記載：「綠豆甘涼、煮食清膽養胃、解暑止

渴、潤皮膚、利小便、已瀉痢。」《普濟方》說：「消渴飲水、綠豆煮汁，並作粥食。」李時珍在《本草綱目》中也說：「綠豆粥解熱毒，止煩渴。」綠豆還有良好的降低血脂功效。

「薏仁，有健脾、補肺、利尿的功效。《食醫心鏡》中說：「薏苡仁粥治久風濕痹、補正氣、利腸胃、消水腫、除胸中邪氣、活筋脈拘攣。薏苡仁為末，同粳米煮粥，日日食之，良。」

現代醫學，更有用薏仁來治療肩平疣。因此，以綠豆、薏仁共同煮粥，可達到美肌膚、除痘痘、瘦身段的三重功效。

山藥枸杞粥

素食可服用

什麼人最應該吃?
● 腎虛、高血糖的肥胖族。

功效：補腎益血、輕身不老。

材料：枸杞子二十克、山藥五十克（山藥用新鮮的或是乾燥的均可）、米二兩、湯一罐（素食者可用素高湯）。

做法：把材料洗乾淨，適量水煮滾後，放入高湯以及所有材料同煮成粥。

說明：山藥又名淮山，有健脾、補肺、滋腎的作用。古代藥書更稱它爲上品，認爲山藥與米穀煮粥，長期服食，可強壯身體、輕身益氣、不老延年、健康長壽。同時，山藥營養豐富、內含澱粉脢、黏液質、糖蛋白、自由氨基酸、維生素C及碘、鈣、磷等。

其中澱粉脢有人稱爲「消化素」，因爲它能夠分解成蛋白質和碳水化合物，所以有滋補效果。

枸杞子通常作爲藥用，幾千年來中國人一直把它當成滋補強壯劑。《神農本草經》記載：「久服堅筋骨、輕身不老」。《食療本草》說：「枸杞子潤而滋補、兼能退熱，而專於補腎潤肺、生津、益氣，爲肝腎眞陰不足、勞乏內熱之補益要藥。」現代醫學研究也證明，枸杞子有降低血糖，以及抑制脂肪在肝細胞內沈積，防止脂肪肝，促進肝細胞新生的作用。

綜合以上理論更可證明「山藥枸杞子粥」養生健體、滋補肝腎、健脾胃的功效。

生薑粥

陽型肥胖請不要吃

什麼人最應該吃?
頭痛鼻塞、容易感冒、胃痛、慢性氣管炎的肥胖族。

功效：溫胃散寒、活血調經、利尿去濕、強精壯陽、加速血液循環、頭痛鼻塞、慢性氣管炎、易患感冒、肥胖、胃痛等。

材料：生薑八克、大棗兩枚（或是蔥白）、米一百克、高湯、鹽、痲油、調味料少許。

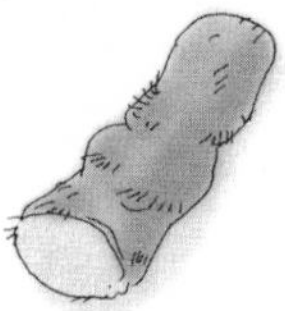

做法：1.生薑切薄片或細粒，大棗兩枚（風寒感冒時，去大棗改用蔥白二枚）備用。
2.白米洗淨加入高湯同煮粥，小火煮一個半小時，加入調味料即可。

說明：中醫常把食物分為陰、陽兩性。生薑是屬於陽性食物，「體重的增減」大部分取決於食品是陰性還是陽性。陰性食品增加能

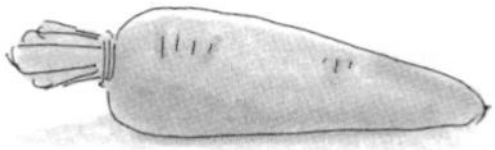

量輸入，陽性食品增加輸出。

西醫所謂的「基礎新陳代謝率」(BASAL MEABOLISM)是指當身體完全處於休息狀態的能量釋放。吸收陽性食物能增加基礎新陳代謝率，因爲人在休息的時候，便能排出額外的能量。這也是很多人吃得很多，但能保持苗條的原因。所以減肥的人如能適當地補充陽性食物，一定能達到事半功倍的效果。

注意：熱症忌服。

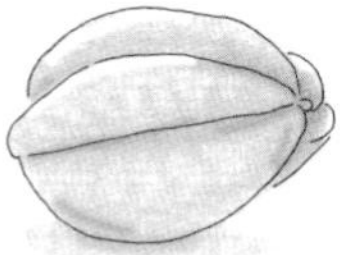

茯苓粥

什麼人最應該吃？
小便不利、水腫、常腹瀉的肥胖族。

功效：老年性浮腫、肥胖症、脾虛泄瀉、小便不利、水腫。

材料：茯苓粉三十克、白米一百克、紅棗十五枚、紅糖三十克。

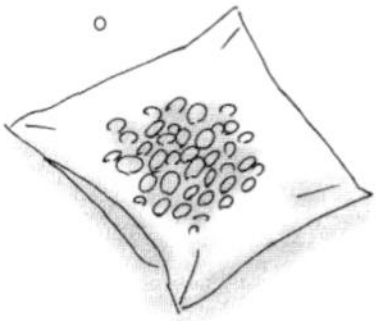

做法：1. 白米洗淨，加入水中煮粥。
2. 先將紅棗洗淨去核煮爛，連湯放入粥內，再加入茯苓粉煮沸即可。

說明：茯苓不僅是珍貴的中藥，也是很好的滋補品和強壯劑，清朝慈禧太后就把它當作經常性的補品來享用。

《神農本草經》說茯苓有：久服安魂養神，不飢延年的功效。而且茯苓不但具有利尿功能，更可以促進納、氫、鉀等電解質的排出，抑制腎小管吸收。

注意：脫肛的老年人以及小便次數多的人，最好不要吃這道粥。

【現身說法】你也愛吃炸雞、薯條、巧克力、可樂嗎？（朱小姐　四個月瘦12公斤）

朱小姐愛吃、愛玩又愛睡，她來信說：「安麒老師：我是一個減肥失敗者，因為我太愛吃東西，特別是炸雞、薯條、巧克力、可樂是我每天都幾乎要吃的。但是我已經常常打排球、直排溜冰和羽毛球，為什麼還瘦不下來？還有臉上跟背部都長青春痘，還有，我告訴妳一個秘密，我常常便秘，有時候三、四天才上一次大…好痛苦啊，而且每次都要很用力才能……。我快受不了啦！有什麼方法可以幫我嗎？……」。

看她的來信，是屬於「陽型肥胖」，只要改變她現在的飲食習慣，多喝「瘦身健體湯粥方」，瘦下來應該不難。但是我怕她捨不得炸雞、薯條等東西，於是我回信要她想清楚肯改變飲食習慣再寫信給我。

沒多久收到她的信：「我身高155，體重62公斤，再不減肥我要瘋掉，妳說什麼我都願意！」於是我建議她吃「綠豆瘦身去痘湯」、「海帶瘦肉湯」、「大蒜粥」。同時因為她的便秘蠻嚴重的，單吃蔬菜不夠，所以我建議她每天喝一杯「仙子素享瘦茶」。

四個月後她瘦了12公斤，連痘痘都不見了。

大蒜粥

什麼人最應該吃?
糖尿病、動脈硬化、高血壓、高膽固醇。

功效：抗菌消炎、抗癆止痢、降低血糖、血壓、膽固醇、動脈硬化、糖尿病、肥胖症，更可增強抗病能力。

材料：紫皮大蒜五十克、白米一百克、薑絲、鹽或鮮味露。

做法：1.紫皮大蒜去皮放入沸水中煮一分鐘撈出備用。
2.白米洗淨，再放入蒜水中煮粥。
3.粥煮成之後再放入蒜，加入鹽、薑絲、油少量，再煮五分鐘即可。大蒜烹調不宜過熱，否則降低療效。

說明：大蒜和生薑一樣，同屬陽性食物，所以能治療肥胖。再加上現代中西醫結合的臨床實驗證明，大蒜有消炎、止瀉、利尿、降壓、祛痰等作用，並且有十分強烈的殺菌能力。大蒜粥既能強

身健體，又能達到瘦身效果，不妨常服。

但不少人害怕飯後口腔留有蒜味，在這兒就教你除蒜臭的方法：

1. 吃大蒜後，口中含一片當歸。

2. 口中放少許茶葉細嚼。

3. 吃幾粒大棗。

注意： 胃虛弱的人不能常吃這道粥，有慢性胃炎及胃與十二指腸潰瘍的老人忌服。目赤腫痛者請不要吃過多大蒜。

玉米胡蘿蔔粥

什麼人最應該吃?

皮膚乾燥、糖尿病、高血壓、高血脂的肥胖族。

功效： 利尿通便、降低血壓、血脂、糖尿病、健胃、皮膚紅潤、增加抵抗力。

材料： 玉米粒兩份（罐頭也可以）、胡蘿蔔一根、米一百克、高湯一罐、鹽、調味料少許。

做法： 1.米洗淨加入高湯備用。

2.把玉米粒、胡蘿蔔洗淨切丁，與米共同煮粥，粥滾加入鹽調味即可。

說明： 玉米所含玉米油，具有降低血脂、調節膽固醇、使脂肪正常代謝、防止衰老、美容減肥、通便作用，所以對治療動脈硬化、冠心病、高血脂症、糖尿病有一定功效。

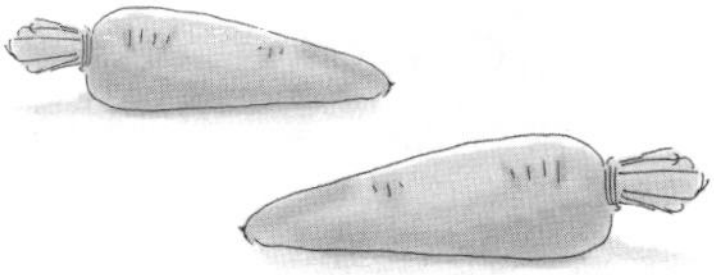

胡蘿蔔又名紅蘿蔔，由於營養豐富具滋補功效，所以又被人稱為「小人蔘」。含有豐富營養的胡蘿蔔素，吸收後會很快轉化為維生素A，具有明目、美容潤膚、調節新陳代謝、增強抵抗力的作用。

養顏瘦身粥

陽型肥胖的人請不要吃

什麼人最應該吃?

● 高血脂、高血糖的肥胖族。

功效：補肝腎、潤五臟、滋潤皮膚、使人臉色紅潤光澤、降血脂、血糖、延年益壽。

材料：黃豆一百克、芝麻粉二十克、高湯一罐、白米一百克。

做法：1.黃豆先泡水半天，白米洗淨備用。

2.先將白米、黃豆加入水、高湯煮粥，文火煮一個半小時，粥滾後再加入芝麻粉、鹽調味即可。

說明：黃豆含蛋白質33%、脂肪20%，是含多種維他命及礦物質的鹼性食物。黃豆的脂肪有降低膽固醇作用，對治療動脈硬化、高血壓也很有效。

芝麻又稱胡麻，《神農本草經》說：「補五臟、益氣力、長肌

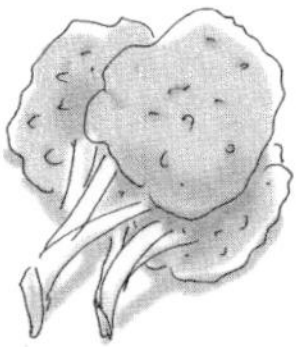

肉、塡髓腦，久服輕身不老」。不僅如此，古代文獻中還有不少關於芝麻能強壯抗老的傳說。據《本草綱目》記載：「劉、阮入天台遇仙女，食胡麻飯。亦以胡麻同米作飯，爲仙家食品矣。」

晉朝葛洪《神仙傳》記載：「魯女生服胡麻餌術，絕穀八十餘年，甚少壯，日行三百里」。還說：「服食胡麻，服至百日，能除切痼疾，一年身面光澤不肌，二年髮返黑，三年齒落更生。」所有這些，雖不足信，但與「久服輕身」、「補衰老」的意義是相通的。

3

唐安麒の體雕法

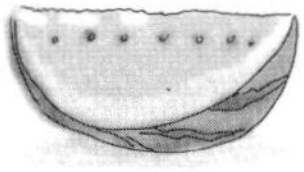

宇宙自然飲食法

健康的身體、苗條的身材，相信是每一個人都在追求的。特別是女性，保持苗條幾乎成爲生活的一部分，但是，往往因爲誤用了方法，使得保持苗條成爲一份沉重的壓力、負擔。其實，只要你懂得用「平常心」來保持健康，注意飲食，「肥胖」這兩個討厭的字眼，很難與你扯上關係。

以下我爲你介紹的飲食方法，除了可以幫助肥胖的人減輕體重外，對於那些不需要減肥，但對追求健康、保持苗條的朋友，也有很大的幫助，而且男女老幼，也都非常合用。

追求自然，傾聽身體的需要

「自然保健法」，在美國已經流行了一段很長的時間，他們所提倡的「高水分食物組合」，已經幫助不少人恢復苗條，保持健康。這種方法是以一套「自然生理法則」與「人體循環週期」爲基礎，進而發展出安全、平衡的計畫。因爲生命中的每一件事都受到自然生理法則所支配，你的身體也在其支配下。假如我們想有效、成功地減輕體重、永保健康，非遵從這些自然法則不可。

這項減肥計畫的基礎，是眾所皆知的「宇宙眞理」——**安全的減輕體重，長保健康的身體，正確地使用能量**，以清除毒素廢物。特點就在於它能與你的身體一起作用，以清除多餘的能量，由於新的能量集中在一起，你的身體會自動避免體重過重的負擔。

這個理論在於相信**人體是自動潔淨、自動治癒且自我保持的**。

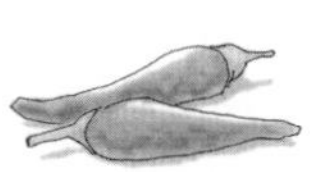

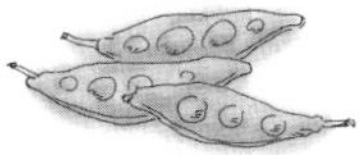

「自然保健法」是根據「宇宙的治癒力量都在人體之內」的觀念而成。它認爲「自然總是對的，而且不能被更改、阻撓、破壞」。

這套「高水分食物組合」，是根據宇宙自然法則與生理學而建立。所以我把它命名爲「宇宙自然飲食法」。把此法應用到你的生活當中，你會變得年輕、苗條、充滿活力，並獲得身體、情緒、精神上的平穩健康。

但你要緊記重點——以「平常心」待之，讓它成爲你生活中的一部分，正如你洗澡要用肥皂、上完洗手間要用衛生紙、肚子餓了要使用「宇宙自然飲食法」進食、寫字要用筆、女孩子生理期要用……總之，把它變成不變的定律就對了。

你都吃高水分的食物嗎？

你可能會問：「這套飲食方法，怎麼會跟『自然法則』、『宇宙眞

理』扯上關係呢？」

好吧！且讓我先帶領你們進入「宇宙之旅」。

首先，我們利用一下想像力，唐安麒跟你一同穿上太空衣，在月球上漫步、飄浮著。哇！好好玩、好過癮啊！咦！你看看那邊，嫦娥在跳狄司可呢！跟她一起跳舞的是誰？原來是E.T.，這個搭配未免太「無厘頭」了吧！好啦，我們不要「雞婆」吧，別管他們，做我們的正經事好了。

從月球上看地球，地球表面60～70％是海洋、河川，30～40％是高山、陸地，正如人體一樣，體內存有60～70％分，其他是固體。人體與很多事物一樣，都是宇宙的縮影，也代表著「宇宙眞理」。地球有百分之七十的水分賴以生存，人若想維持正常的狀態，每餐也應該吸收70％水分，這是「自然法則」。

但是我所謂水分，並不是光靠喝水補充，而我指的高水分食物是

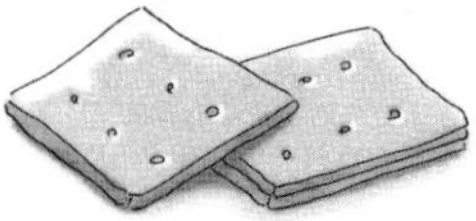

——新鮮的蔬菜和水果。我們需要水分有兩個重要的理由，那就是水可以清潔組織、提供營養，這也是爲什麼喝水無法塡飽肚子的原因。水可以將食物內的營養物輸送到身體內所有的細胞，並清除毒素廢物。

人體需要的營養素有維他命、礦物質、蛋白質、胺基酸、酵素、醣類及脂肪酸，而這些東西都存在於蔬菜、水果中。這些營養素經由水果、蔬菜內的水分送入小腸。如果你正在吃高水分的食物，那表示你的食物正合人體需要。除了可以攜帶營養素到體內各器官，水分也有著清除廢棄物的功能，而清除廢物與解毒具有相同的作用，這對減肥、保持健康，是極爲重要的。

肥胖是體內大塞車的警告

毒素是什麼？它從何而來？爲什麼會導致肥胖？依據自然衛生學的看法，它們是經由兩方面而產生。一是身體正常、自然的功能；另

一種是體內有意或無意產生的，這兩者都需要藉能量從體內清除。首先血毒的產生是身體新陳代謝的結果。事實顯示，一天中有三千億到八千億的舊細胞被新細胞所取代。這些舊細胞是有毒的，必須盡快由四種管道中任何一種系統清除，那就是透過直腸、膀胱、肺或皮膚，這是身體一種自然、正常的解毒過程，只要你體內有足夠的能量，這些毒素、廢物就會被適當的清除。

另一種血毒是來自於未經適當消化、吸收，並形成細胞結構的食物副產品。例如我們經常吃經過加工處理的食物，不是吸收一些新鮮的食物，而是把食物用煎、炸、烤、燒等方法處理後才吃下去。由於食物原來的狀態改變，我們尚未適應這些加工處理過的食品，這些未完全消化、吸收的副產物，便形成了體內的殘餘物，這些殘餘物留在體內，時間久了就變成有毒的廢物。

也就是說，你的身體每天以兩個方式產生毒素：一是透過正常的

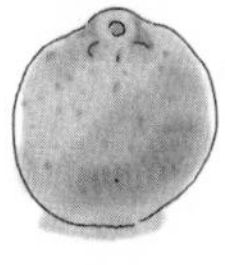

新陳代謝過程，另一種是來自未充分利用的食物。如果毒素、廢物積存的比清除的多，體重自然會增加，而毒素本身具有酸性的本質，**若體內酸性物質積存過多，系統會保持較多的水來中和，這樣又增加了體重與腫脹，形成了肥胖**。

多吃新鮮、自然的食物

如果你想永保青春、活力，並維持優美的身材，你必須吃新鮮、自然的食物。每一種生的植物、蔬菜、水果、核桃、種子都含有原子與中子，其中存在著酵素，酵素並非物質，它是活細胞原子、中子的生命要素。

人體細胞中的酵素就如蔬果內的酵素，而人體的原子中也有一個與蔬果原子相對應的東西。因此，當某些原子要重造或置換細胞，一種磁力會產生，將體內某種細胞與某種食物的原素相連，而這種磁力

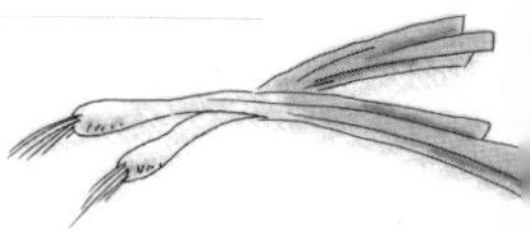

只出現在活的中子間。酵素在華氏一三〇度時會死亡，食物若到華氏一三〇度，表示其酵素已無作用。當然死的東西無法實行器官功能的工作，也就喪失了營養價值，有礙人體健康與活力。

簡而言之，藉著消耗高水分食物，身體會自動清洗毒素廢物，而使身體健康，體重減輕，若持續食用高水分食物，毒素必定無法留存，更不會肥胖了。

吃的簡單，身體沒負擔

「宇宙自然飲食法」強調的是：**某些食物配合在一起，會比其他的食物更易消化、吸收**。同時這個原則也可由生理化學理論來解釋：人體無法同時消化一種以上濃縮食物（這些濃縮食物，就是指那些蔬果以外的任何食物）。既然它們無法同時被消化，我們一次也不應吃一種以上食物，因為同時吃兩種食物，食物來不及消化容易導致腐敗，嚴重地破壞身體的吸收能力。

因此一餐中同時食用蛋白質與碳水化合物，會延遲甚至中止消化，食物會遲滯胃中，並且程度因個人體質、蛋白質與澱粉的種類而不同。如果檢查排泄物也可以發現，未消化的澱粉粒與蛋白纖維若分別攝取，則各有不同的情況出現。食物適當地混合，會完全被身體分解、吸收與利用，排泄物中也不會有未完全消化的物質。大多數的蛋白質，由於停留在胃中過久而腐敗，而大多數的碳水化合物也發酵了，腐敗與發酵的東西是無法被人體利用，因而無法形成健康的細胞結構。

此外腐敗、發酵的食物會在身體中產生毒酸，使得停留在胃中的食物腐壞而發出臭味，食物中的營養消失了，並且被擠入小腸。三十呎的小腸被迫處理這些腐敗了的食物，這就是爲什麼人們在飯後會感覺疲倦的原因。由於腐敗與發酵作用，毒氣、腸胃脹氣、心痛、消化

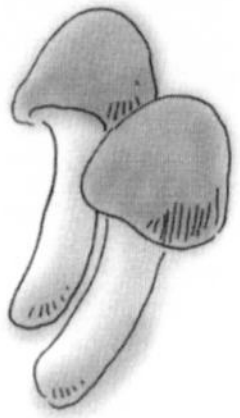

不良，及各種相關病變就接著發生。

吃飯時注意食物的組合

要避免這些問題，有一個簡單的方法：你可以盡量吃牛排、魚片或雞肉，只要注意吃過了肉類，不得再吃其他濃縮食品，如馬鈴薯、米飯、麵條、麵包等，只能吃高水分的食品。也就是說，**肉類與蔬菜一起吃，或者是澱粉類與蔬菜一起吃**，因爲蔬果並不需要特殊消化液，它們會分解爲中性、酸性或鹼性物質。

所以，吃飯時適當地組合食物，不僅可使食物的消化及吸收有效而順利，也防止了消化系統的病變與不舒服，進而增加可用的能量。我們需要能量，來消除體內積存的毒素、廢物，而消化系統又比身體其他的功能消耗更多的能量。這種食物組合原則可產生能量，使身體進行排毒、清潔的工作，而且好處是，你不會挨餓。你只要依照我所

介紹的方法，開始注意食物組合，健康、苗條就非你莫屬了。

早餐吃新鮮蔬果活力充沛

「宇宙自然飲食法」的第一個原則是：早餐一定要吃蔬果，而且要新鮮、未經過烹調的。

通常人體在睡眠中及起床後的四個小時內，是屬於「排除期」，這段期間，體內正在排除廢物與剩餘食物。只要你的體內並沒有花費時間去消化消夜，或者消化前一天沒有搭配好的食物，睡醒以後，因為你已經休息過了，正儲蓄著一天活動的高能量。這時如果你再吃一頓豐盛的早餐，你就得花很大的能量去消化早餐的食物。難怪有不少人都會感覺中午以前提不起勁工作，那是因為你的身體在抗議。

我剛剛不是提過嗎？起床後四個小時內，是屬於「排除期」如果能在這段時間，吃些高水分食物，一方面能促進身體清洗毒素與廢

物，更能讓你儲存的能量完全發揮，讓你從早到晚活力充沛、幹勁十足，而且很快你會發現，皮膚變得光潔、亮澤，臉蛋好像一個小蘋果，讓人垂涎欲滴。好吧，讓我咬一口吧！

宇宙自然飲食五原則

1.從你醒來直到中午用餐前三十分鐘，除了蔬果與新鮮的果汁外，什麼都不要吃，而且不限量。

2.肉類不要和澱粉類同一餐吃。蔬菜與肉、蔬菜與飯、蔬菜與海鮮類、蔬菜與麵包等等，是最好的組合，而且要保持七、三比例；七成的高水分食物（蔬果），三成的濃縮食物（肉或澱粉類）。分量不限。有本事的話你可以吃下一隻雞，但你必須同時吃下成比例的蔬菜。

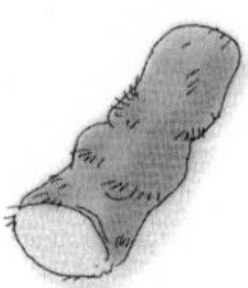

3.最好能做到一餐吃蔬菜加肉類，另一餐吃蔬菜加澱粉類，兩餐

都吃蔬菜加澱粉類也可以，但最好不要兩餐都吃肉類與蔬菜。如果一天內吃超過一次的肉，體內需要很多能量來消化，剩下的能量就不夠其他（如排泄）功能使用，而且最好每餐只吃一種肉類，但海鮮可以同時吃幾種。

4.每星期自由選擇一至兩天進行大掃除，只吃蔬菜與果汁。

如果你不能完全配合，或者是只準備以一個原則開始，我建議你利用重點：起床後四個小時內只吃蔬果。我相信你的身體仍然能得到豐富的收穫。但有一重點要緊記：水果只能空腹時吃，**吃過了東西不能再吃水果，要吃的話要等吃過東西三小時之後再吃**。而吃了水果後要進食別的食物的話，隔三十分鐘即可。

5.最後一點要提醒你，就是改掉吃消夜的習慣，「睡前四個小時」最好不要進食，必要時可吃蔬果解解饞。

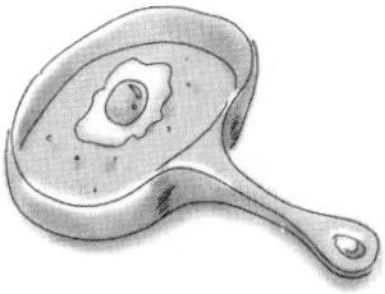

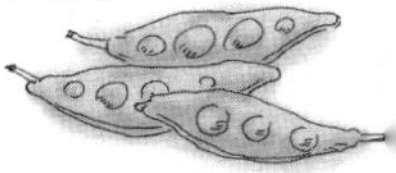

「唐安麒の體雕法」的功效

在解釋「體雕法」的功效以前，我先分析一下利用「外用減肥劑」以及「輔助儀器」達到局部減肥的原理。

局部減肥，是否可行呢？這是很多人普遍關心的問題，有不少人對此抱持懷疑的態度，認爲是欺騙消費者的把戲。不可否認，在亞洲地區，仍然出現不少毫無根據、沒有絲毫減肥效果的所謂局部瘦身法、外用減肥霜之類的東西，使消費者受害，難怪人們對專業瘦身中心抱著懷疑與抗拒的態度。再加上不少美容減肥業者善於模仿，常把專業理論套在一些不切實際的局部瘦身法上面，讓你不知不覺投入陷

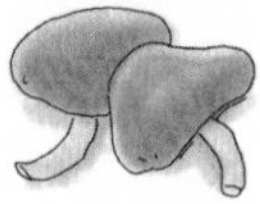

阱，蒙受金錢的損失。

所以敬告消費者在參加任何瘦身課程以前，必須小心選擇瘦身中心，不要誤信誇張的廣告宣傳手法，不妨採取多問、多聽、多比較的態度，選擇一些信譽、口碑良好的專業瘦身中心。

現代醫學證實局部減肥可行

根據美國南加州大學醫學中心（UCLA MEDICAL CENTRE）的研究報告指出，確實有一些外用減肥劑能達到局部瘦身的效果。大部分外用減肥劑，是使用天然草本植物中抽提的有效活性成分，經實驗證明，這種有效活性成分能應用於積存脂肪過盛的皮下組織，直接促進人體脂肪細胞的縮小，而達到局部減肥的目的。

現代醫學也證明，皮膚細胞生物學研究顯示，人體的皮膚不是絕對嚴密而無通透性的組織，正常皮膚可以吸收某些物質。人體的皮膚

吸收有兩種途徑：一、是表皮途徑，此途徑主要是通過細胞本身的滲透，部分亦通過細胞表皮的間隙而進入眞皮。第二種是經皮膚附屬器途徑。皮膚附屬器有皮腺和毛囊之分，現已證實，重金屬、色素、維生素A、皮脂類固醇激素等可經這些途徑吸收。分子量不超過三千道爾頓的物質一般都能被人體皮膚吸收，而從天然草本植物提取的活性成分，是能被皮膚吸收的。

那麼這些有效活性成分被皮膚吸收後，又是如何發生效用的呢？現代醫學及分子生物學研究告訴我們，人體在正常情況下可以把貯存的脂肪再分解轉化爲能量，這一過程稱之爲脂肪動員。脂肪動員是把脂肪細胞中絕大部分的三酸甘油脂水解成脂肪酸和甘油，並使之離開脂肪細胞，再通過特殊分解途徑，最後轉化爲能量、二氧化碳和水並被消耗。當脂肪細胞中的三酸甘油脂不斷減少時，其體積就越來越小，從而使得人體皮下的脂肪層變薄。

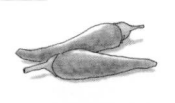

外用減肥劑正是利用了人體自身消耗脂肪的這一正常途徑，讓活性成分經皮膚吸收後，進入皮下脂肪組織細胞內，從而活化了脂肪分解過程，使脂肪細胞內的脂肪消耗大於脂肪的貯存，脂肪細胞的體積逐漸縮小，有形的脂肪組織被轉化爲無形的能量逐漸「消耗」，而達到減肥的目的。

由此可見外用減肥劑的效果，是有其科學根據的，是經研究證明行之有效的一種減肥方法。

熱療效應改善肌肉鬆弛現象

局部瘦身所使用的「輔助儀器」，作用是利用「交叉感電流」，使鬆弛的肌肉得到改善，能把外用減肥劑的有效活性成分導入皮下組織中，使原本遲緩的循環作用得到改善。而其中的「熱療」效應，使皮膚毛細血管擴張，局部皮膚的溫度明顯升高，微循環功能加強，使皮

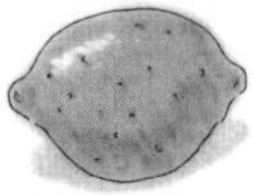

膚對活性成分的吸收能力增強，局部組織的新陳代謝也隨之加快。

肥胖者由於脂肪細胞的體積增大，使得體內引發一連串的變化，如細胞組織和毛細管網組織（血液與淋巴液）受到壓縮、新陳代謝功能減退、水分與毒素滯留、皮膚組織鬆弛等現象，皮膚表面因而變得粗糙不平滑，於是就出現一般所謂的「橘皮」現象，也就是蜂窩組織細胞（CELLULITE）。而蜂窩組織細胞最容易產生的部位，以腹部、臂部、大腿、手臂、腰部等爲多。因此，蜂窩組織細胞的產生，也是導致局部肥胖的重要原因之一。

要改善此情況，可使用「交叉感動流」護理，使活性成分導入皮下組織中，活化其脂肪分解過程。此外流出表面組織中的滯留水分，也使該部位的血液與淋巴液的交換得到改善，不但改善了細胞的功能，而且也促進了毒素、廢物的排除，從而改善蜂窩組織細胞的狀況。

「交叉感電流」還有另一作用，是一種斷續性電流，能夠產生與天然運動極為類似的肌肉收縮。當電極很正確的觸及「運動點」（MOTOR-POINT），以電流刺激該處可引起有關肌肉收縮，可使肌肉強化，改善肌肉鬆弛的現象。

綜合以上各點，可得知局部減肥的可行性，現做出簡短分析：

1.使用外用減肥劑，讓活性成分經皮膚吸收後，進入皮下脂肪組織細胞內，從而活化其脂肪分解過程，轉化為能量逐漸消耗掉。

2.改善蜂窩組織細胞，使血液與淋巴液的交換順暢，促進體內毒素與滯留水分的排除（隨尿液排出），使新陳代謝循環功能正常，局部「橘皮」現象也隨之改善。

3.使用「交叉感電流」，改善肌肉鬆弛的現象，讓線條更見優美。

瘦身簽合約以示負責

「唐安麒の體雕法」的療效，就是使用天然草本植物提取的有效活性水分，再配合「輔助儀器」，幫助減肥者達到瘦身的目的。我們所使用的減肥劑及儀器，均爲獨家專利，消費者必須小心認明擁有獨家專利權的專業瘦身中心，以免被仿效者欺騙。而持有專利權的公司，更會與參加「體雕法」治療的顧客，簽訂一份「瘦身合約」，保證不能到達所指定的公斤數或吋數，必須退還消費者所付的費用。

爲了保證「體雕法」的效果，療程一定要規律化，因爲外用減肥劑是利用了人體脂肪貯存與分解這一動態平衡過程中，加速脂肪分解這一步驟而達到治療效果的。必須連續不斷地進行療程，才能使這一過程越來越有利於脂肪分解大於脂肪貯存，從而達到瘦身目的。

除了定時到瘦身中心接受療程外，顧客每天應自行在固定的時間塗抹減肥劑。由於人體的新陳代謝是晝夜不息的，隨時有新合成的脂肪補充到脂肪組織內。因此，療程無規律性，是難以取得滿意的效

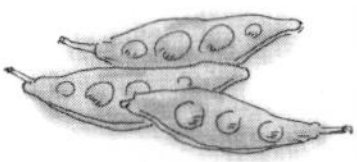

果，這也是擁有專利權的瘦身中心，要求參加「體雕法」療程者，必須在指定時間進行療程的原因。

想瘦哪裡必須配合正確方法

除了需要定時接受療程外，「體雕法」更要求參加者配合「食物組合」（請參考「宇宙自然飲食法」）進食守則，但必須控制食量，而不是「節食」。因爲，每餐進食不當的食物，容易導致脂肪的貯存。

人體脂肪的貯存和消耗，是十分複雜的生物化反應過程，其中有許多的環節影響到脂肪的新陳代謝，如不控制多餘熱量的攝入，熱能就會轉化脂肪貯存起來。如果減肥者一方面利用減肥方法消耗熱量，另一方面又不斷進食貯存新合成的脂肪，這當然會影響治療效果。就好比水池放水，如果不斷有水補充到水池中，就很難把池中的水排乾；如果補充的水量大於排出的水量，池中的水甚至還會越積越多。

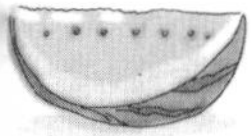

找出你要瘦的部位

你可能會問：「在怎樣的情況下，需要接受『唐安麒の體雕法』的治療？」

我的答案是：「局部肥胖。」

雖然此法也可幫助全身肥胖者恢復窈窕，但是只要你願意控制飲食與運動的話，也能達到減肥的效果。所以我在本書當中，提供了不少DIY的減肥方法，幫助需要全身減肥的朋友。如果你只是局部肥胖，使用節食與運動減輕體重的話，卻不一定能讓想瘦的部分減去肥肉，這時候「唐安麒の體雕法」的療程，可以幫助你達到「想瘦哪裡、瘦哪裡」的心願。

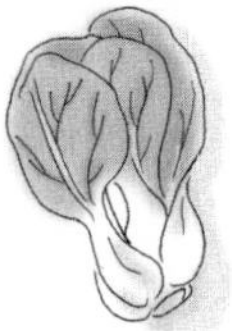

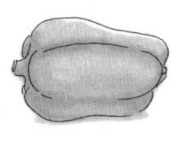

預防「畢業肥胖症」

何謂「畢業肥胖症」？

就是離開校園，踏入社會工作後所出現的肥胖（名稱是我想的，不過很貼切啊，嘻嘻）。因爲有很多女性，在讀書時非常活躍，游泳、打球、跳舞，入水能游、出水能跳、飛天遁地樣樣皆能，一旦離開校園，就好像武功被廢掉了。主要原因是當妳踏入社會工作，沒有時間做運動，而一般的工作如辦公室、工廠、售貨員等，也不需要體力，等於妳讀書時可能每天吸收三千卡路里，但因運動可能要消耗兩千多卡路里，所以很難會胖。

而現在工作，食量仍像以往一樣，但消耗量變少了，當然變胖啦！這也就是爲什麼，一直有很多讀者及到我公司參加「唐安麒の體雕法」的客人，會問我：「爲什麼讀書時不會胖，出社會工作後就會胖呢？」

而患上「畢業肥胖症」後，來找我幫她減肥的女性，我多數會建議她參加「唐安麒の體雕法」。因爲剛出社會工作的人，經濟能力有限，這種課程比較便宜。

有位客人就對我說：「唉！讀書的時候都好好的，哪知道什麼叫胖，但出來工作不到一年，足足胖了五公斤。起初聽我大嫂說，到妳公司減肥，但價格好貴，後來得知是因爲參加「特快課程」，所以才貴好多。像我才花不到一萬塊就已經減了四公斤，雖然慢了點，但兩個月很快就過去了，最開心的是我的腰瘦了四吋！」

如果，你是剛畢業踏入社會工作的新鮮人，在未出現「畢業肥胖

症」之前，應好好地預防，免得身體變胖時，既要工作還要辛苦的節食。

應該如何防止呢？

讓我提醒你啦：

1.盡量保持以往的運動量，就算沒有辦法，至少也要有以前一半的運動量。

2.做不到大量運動，就盡量步行，或多爬樓梯、多做一些簡單的跳躍運動。

3.少吃油膩的食物和零食。

4.請不要吃消夜。

5.以「高水分食物法」進餐，即每餐保持七成蔬菜，三成主食如肉類、飯麵類的比例。

以上方法必須要有恆心，如果都做不到，就只好到我公司減肥

啦！但是，與其花錢減肥，不如平常多注意身材，把省下來的錢，留著買漂亮的衣服，何樂而不爲呢？

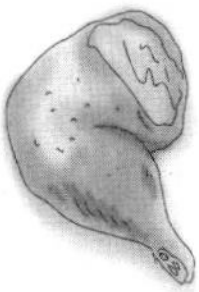

妳要當「小姐」還是「歐巴桑」？

肥胖的人看上去比較衰老，這是鐵的事實。也因此肥胖的人，外表上總比實際年齡大。你大可做比較，一個三十歲的肥胖女性，你可能會估計她有三十多、四十歲，相反的，一個同年齡但身型纖瘦的女性，表面上可能像二十多歲。通常身材苗條的女性，外貌上總占優勢。

我不是說肥胖一定不好看，有很多人喜歡「珠圓玉潤」型女性，但現在說的是「外貌」的年齡。我相信苗條的人一定比豐滿的人，看起來更青春，這是從我所面對的讀者及客戶的經驗所得。

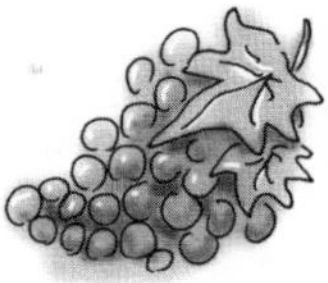

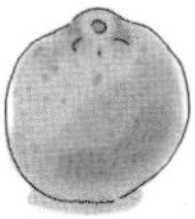

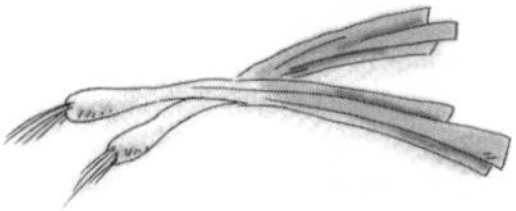

我曾收到好多讀者來信，告訴我肥胖給她們帶來的苦惱，有些更形容的好風趣。有一個說：「我今年二十三歲，一直都以爲自己仍然青春美麗，我的樣子眞的不會太差，只是身材有點胖。但有一天我到花店買花，那位女孩子對我說：『歐巴桑，今天的玫瑰花好漂亮哦！』討厭死了！我二十三歲而已，還沒結婚，叫我歐巴桑，眞氣人！我這才發現，我不只有點胖，而且應該是減肥的時候，請把『唐安麒の體雕法』的詳細資料寄給我。」

曾經還有客人對我說：「肥胖的人看上去像大了十歲！」這是她的經驗，她比較晚婚，三十歲才生第一胎，生完後胖的不得了。她來減肥時差不多有八十公斤。她說：「我還沒減肥前，抱著我女兒，人家以爲是我的孫女，更說我是漂亮的祖母，眞是使我哭笑不得。還好減肥後，身材變好了，人看起來更有精神，我眞不敢相信現變成六十公斤了。有時候照鏡子，會覺得不是自己。其實女人三十歲，一點也

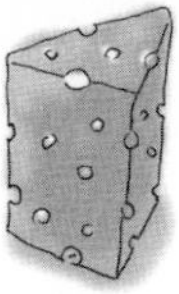

談不上老，但最重的是自己要注意身材的保養，在這年紀，『小姐』與『歐巴桑』只是一線之差，還好現在好多人都叫我『小姐』。」

她的一番話蠻有意思，肥胖看上去較實際年齡大，我相信主要原因，是臃臃腫腫的，總無法給人家有活力的感覺，而身段輕盈的話，做事也俐落些，自信心也強些。所以，當別人把妳的年齡猜大了的時候，減肥的紅燈已經亮起了。

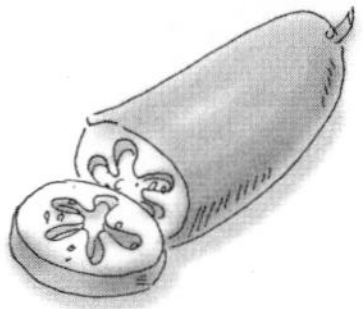

我不要當「胖新娘」

大約半年前，有一位想減肥的客人到我公司詢問有關「唐安麒の體雕法」的詳情。

她說：「我男朋友催我結婚已經很久了。結婚是人生大事，我相信每個女性都希望自己在結婚當天以最漂亮的姿態出現，但我實在太肥了，每次當我想起我穿起婚紗的模樣都會笑。我已經試過很多減肥方法都無效，最辛苦就是節食，每吃一餐都要計算自己吃了多少卡路里，實在太麻煩了。今年是好年，我已經沒有不結婚的藉口了。

「但如果以我這一百五十七公分高，六十八公斤的身材穿婚紗，我

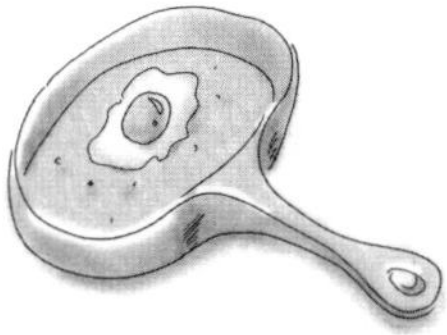

一定不要。「體雕法」是我最後的希望，妳一定要幫助我！」

在接受課程期間，她眞的好乖，從不缺席，再加上她經常做運動，效果出乎意料的好。這課程在三個月內應減去十二公斤，但她竟減了快十六公斤，破了紀錄，我也開心得很。課程期間，她更接受了「肌膚再生法」課程，因她的皮膚較粗糙有很多暗瘡印和斑點，完成後，她幾乎不相信這是她的皮膚。她對我說：「我眞是不相信，我男朋友居然會用『爲什麼妳的皮膚突然變得像嬰兒一樣白嫩呢？』來形容我，我已答應了他兩個月後結婚，到時妳一定要來哦！」

她結婚當天，我也到場了，坦白說，她當時眞的好美，在場的親友，看見她無不議論紛紛。我一向不太喜歡應酬，本來我有些擔心在會場會悶死，但我才坐下，新娘子便把她到我公司的情形告訴親友，於是乎一大堆人圍著我談得不亦樂乎，差點連吃飯也忘記了。在此，我再向這對新人致以無限的祝福。祝他們白頭偕老，永遠幸福快樂！

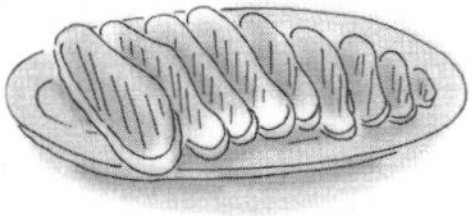

減肥成功，步入禮堂

好開心呀！好開心呀！最近我公司又有喜訊啦！咦？不要誤會呀！不是大減價呀！而是我一個顧客上星期出閣，眞的令我很興奮。

妳可能好奇怪，顧客結婚，爲何我會如此開心，妳有所不知啦！因爲我陪她走過一段心路歷程。

回想五個月前，綺雯第一次走進我們公司，在顧問向她解釋清楚各種不同課程及價錢後，她選了一個比較便宜的課程來做。一個月後，她就補錢轉到另一個更好的課程。之後我聽到美容師說：「綺雯很特別，她很乖、食物組合課程也跟得很好。她自己本身，也很主動

叫美容師及顧問介紹適合她的產品，無論臉部或身體的產品都買了一堆。好像很心急，要把自己改頭換面。」

我抱著好奇的心態，主動約了這位顧客見面。起初，她都不大出聲，不太敢跟我接觸，但後來接觸多了，她開始跟我聊天，把她心裡面的開心與不開心，都跟我分享。

原來她跟她老公早在高中時期已認識，當時因爲年輕，雖然沒有做什麼保養，皮膚都白白嫩嫩、身材勻稱，可說是一個窈窕淑女。但後來發育時期可能荷爾蒙發生變化，臉上突然長滿青春痘，體型也開始發胖，令她很沮喪，人也欠缺自信心。而且，每次見到她老公（那時是男朋友）跟其她女性聊天，總會胡思亂想，覺得她老公因爲自己變胖後不再愛她。但她老公不但沒有責怪她，還一直支持她、鼓勵她，於是綺雯由她老公陪著來到我公司。

經過綺雯一番努力後，今天她收到最好的肯定結果，她對我說除

了組織一個新家庭外，回復昔日的窈窕及美麗，她好像開始新生命，踏入人生另一階段。

當天，我去觀禮時，她臉上那幸福快樂的笑容，也帶給我很大的鼓勵。雖然，有時工作令我很疲累，但顧客給我的鼓勵，推動著我做得更好。

「中年婦女肥胖症」

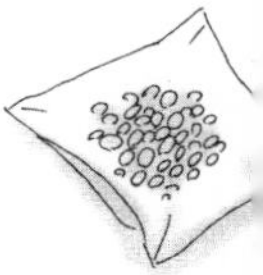

許多研究報告都曾指出，婦女在更年期時，會有明顯的發胖現象。根據美國一份對十三萬五千位婦女做的調查顯示：有百分之四十九的婦女在更年期時體重會增加。增加的重量約爲二點五至五公斤之間。造成這種階段性體重增加的原因有二：一是生理因素，二是心理因素。

生理方面的變化

隨著年齡的增加，脂肪在人體中分布的情形會漸漸地集中於臀

部、腹部及胸部等部位。大約每兩位婦女就有一個在更年期會有以上這種現象，有些人甚至在停經前幾年就已經開始發胖。造成此現象的主要原因，很可能是卵巢功能衰退，致使人體原來的新陳代謝功能發生錯亂。原本人體具有儲存脂肪以供活動所需的功能，在荷爾蒙失調的情況下，脂肪分解成熱量的速度便減慢了。這也是爲什麼處於更年期的婦女會經常性的出現飢餓現象，因爲她們儲存於皮下的脂肪無法發揮功用。

心理方面的影響

更年期的婦女，日常生活已不像過去那般忙碌，可是她們仍保持著過去的飲食習慣，卻沒想到現在她對食物的需求量已不再和過去一樣，不斷積存、吃進食物的結果，體重便直線上升。

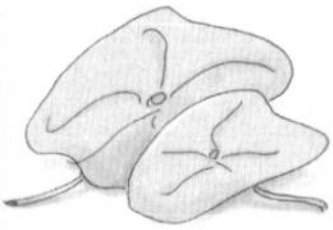

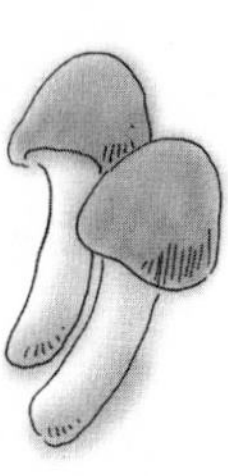

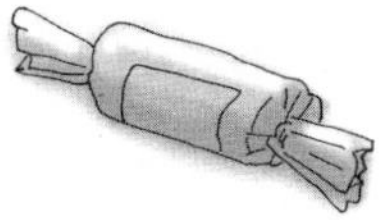

前一陣子，我的一位年屆更年期顧客，參加了「唐安麒の體雕法」。開始的時候，瘦得比較慢，她就有些擔心了，並跟我約了時間見面。我分析原因給她聽，她明白後，心情便沒有那麼緊張與憂慮，而且她更有信心繼續接受我們的減肥課程，最後達到我們的保證，瘦了十公斤。

由於年紀關係，她身體內的代謝率比較慢，當初我建議她把一個星期兩次改爲三次的課程，增加課程次數後，成績也明顯地進步。雖然這位顧客之前曾經嘗試節食減肥，也沒有效果，原因就是忽略了代謝率問題。

減肥絕不是一件容易的事情，但我相信「唐安麒の體雕法」一定能幫每一位減肥人士，恢復苗條的身材。

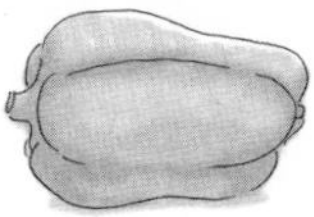

移民會變更胖嗎？

寫這篇文章時，我不在香港，正在加拿大溫哥華陪家人，也順道休息一下。最高興的是，我在溫哥華碰到了好些曾經回香港參加「唐安麒の體雕法」的顧客。其中一位徐太太對我說：

「自從我在香港減肥成功回來後，整個人也變得很開朗。記得最初移民到這裡，生活很悶，朋友又不多，整天只是吃、吃、吃，結果從六十公斤，胖到七十多公斤，我的女兒也看不過去，叫我趕快減肥。而且可能太胖的關係，看上去也老了不少，看著鏡子也不敢相信是自己。現在眞的有一種如獲再生的感覺。當時我從七十多公斤減到五十

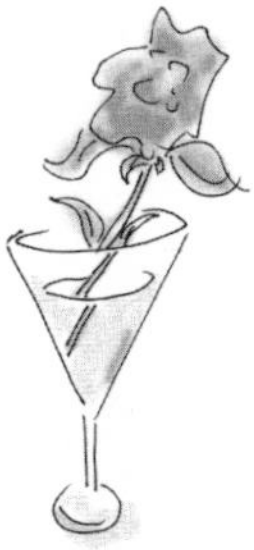

多公斤，眞的很開心，但很擔心回到溫哥華後又再肥胖。還好已經整整一年了，我也保持不變，看上去眞的年輕了不少，我女兒的同學說我們不像母女，像姊妹呢！從前我根本不可能和我的女兒，交換衣服穿，現在可以啦！」

另外又碰到一位客人美蘭，兩年多前，她曾經參加過「體雕法」，但她現在懷孕，她說：「等我生完小孩以後，又要回香港找妳啦。我記得妳講過『體雕法』減完後，不容易再胖，除非懷孕或暴飲暴食。當初從二十八吋腰變成二十四吋，臀圍四十吋變三十六吋，眞的很開心，所以生產後，我一定要恢復原狀！」

我說：「妳放心好了，我們對曾參加體雕法的客人，有一種保障，就是當妳參加後，以後生完小孩，再參加『體雕法』，只收半價。因爲我明白，每個女性都有生產的機會，這算是幫妳終身保養好了！」

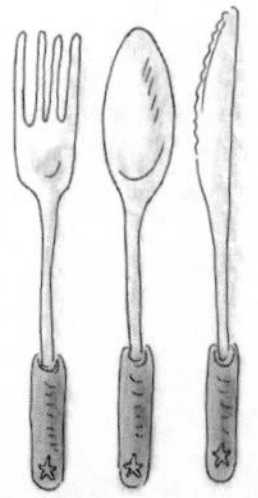

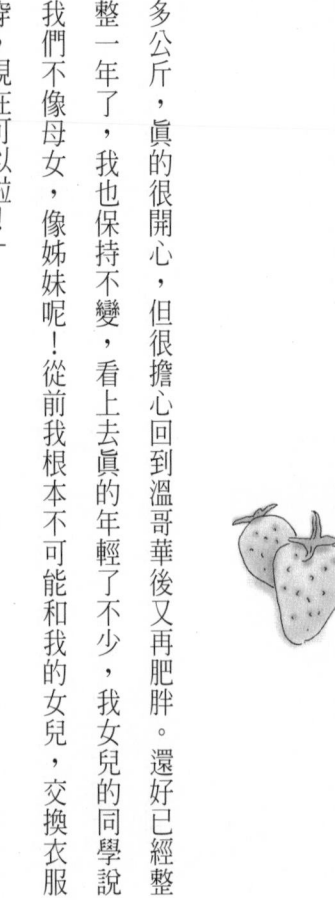

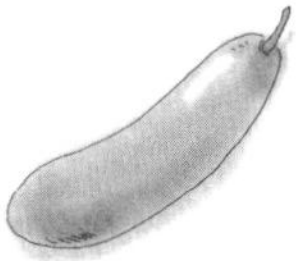

死裡逃生，二度減肥

那天約了一位顧客，簽署「瘦身合約」，但當我見到這位客人時，愣了一下，因爲我記得她曾經參加過「體雕法」而且減得很成功，她爲什麼又來了呢？因爲在正常的情況下，一般人是不會那麼容易再胖，除非懷孕後或是暴飲暴食。

她看見我呆呆的樣子，笑了一下對我說：「妳不用那麼驚訝，兩年前我在妳公司減肥很成功，減去十幾公斤，一直也維持得很好，沒有再胖。直到發現了我的腦裡面生了腫瘤，要做手術切除，而手術後更要服食某一種藥一段時間，醫生更告訴我，這種藥會導致肥胖。但

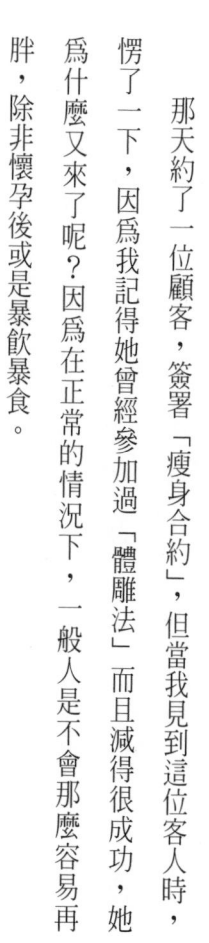

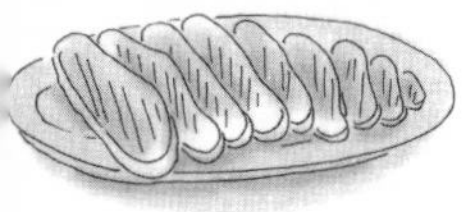

我現在已不需要再吃這種藥，身體也已經康復，我決定要再恢復苗條，因爲我不能忍受肥胖的身軀，而且苗條總是比較健康些。

「這次做完手術，我領悟到很多道理，坦白說，今天我能坐在這裡，多少也靠點運氣，因爲我這項手術有一定的危險，如果失敗可能變植物人、失憶，甚至死亡。但我一直很堅強，不停的對自己說：一定會成功，我一定要活下去！因爲我絕不可丟下家中的子女而去。幸好我能逃過這關，所以我認爲健康眞的很重要。這次我很有信心能再次減肥成功，以後更會好好保持健康又苗條的身材，好好的享受人生！」

在她簽定合約離去之後，我坐在辦公室回味她的話，我非常敬佩她堅強的意志力以及善良的心，因爲她告訴我手術成功後，親身探訪了一些將要接受腦部手術的人，鼓勵他們一定要堅強。

她這種精神讓我願意「冒一下險」，爲什麼說要冒險呢？因爲日本

總公司規定，凡是因藥物導致肥胖的人，是不能與她簽署「瘦身合約」的。因爲有35%會不成功，要退回所有費用給人家的。但我願意一試，縱然我用盡多種課程也不能幫到她，我也會原數退回給她，因爲我眞的很想幫她。我相信憑她堅強的意志力以及我盡力的心，一定會成功的。

減肥之前先「戒糖」

引起肥胖的最大原因，就是進食的熱量比消耗的熱量多，使得多餘的熱量轉變爲脂肪，簡短的說就是吃得過量。

但有很多人向我抱怨：「其實我都沒有吃很多，只是肚子餓時吃點零食，薯片、甜餅、巧克力之類，又沒有吃到很飽，但都好容易胖！」這個當然啦！大部分零食的卡路里都很高，而且沒有營養，特別是含有糖分的，因爲「糖」是空虛的卡路里(Empty Calories)，對人體有害無益，而且極容易引起肥胖。

從前我也喜歡吃甜食，但當我得知它的壞處後，戒絕了一切含精

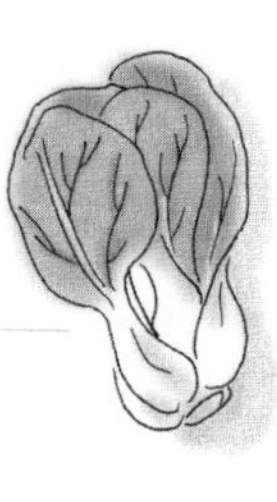

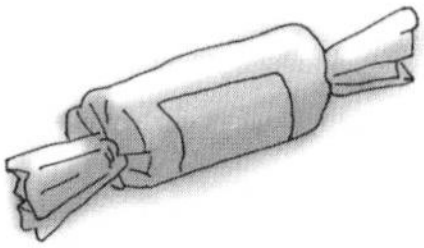

製糖的食物，如糖果、甜點心、含糖的飲品。如果眞的「癮」又發作，我會吃天然果糖，如新鮮的水果：西瓜、菠蘿、芭樂等，所以蔬果現在變成了我的零食，既好吃又對身體好。口渴的話我也喝新鮮的果菜汁，那些一包一包的汽水，或含精製糖的果汁我絕對不碰。這樣除了可以保持身材健美外，對身體也有絕大的好處。例如皮膚較好、精神較好，不會很容易就疲勞等，而且「戒糖」對減肥有絕大的幫助。

曾有一位參加「唐安麒の體雕法」的客人，她在初期開始的課程期間，進度也很平均，跟其他的客人差不多，每星期約減一公斤，但在中段課程時減得出奇的快，快到我必須和她溝通。一問之下，原來她看了一本有關營養學的書籍，得知糖的壞處，除了天然果糖，一律戒絕吃糖。戒糖之後，她的減肥速度比其他客人快一倍。

但要「戒糖」，並不是一件容易的事。但就算戒不掉，也應該盡量

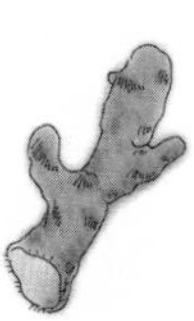

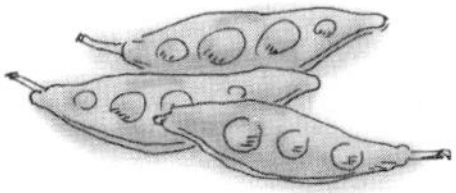

少吃。如果你也想減肥的話，在花錢參加任何減肥方法前，試試首先「戒糖」，將這種致肥罪首去掉，說不定替你省了不少錢。但一定要意志力堅強，因爲一個愛吃甜食的人，一旦要戒掉，是需要很大的意志力。

我常笑說「糖癮」跟「毒癮」一樣難戒，但在我的字典裡「世上無難事，只怕有心人」。所以我做得到，你呢?如果你的字典裡沒有這句話，那我借給你好了。總之你要擁有健美與健康的話，從今天開始與精製糖道別吧!

夫妻一起減肥，功效驚人

我香港尖沙咀的總公司，附設男士臉部護理課程，其中一位顧客朱先生，自從一年前接受了「肌膚再生法」的課程後，臉上的暗瘡和粗大的毛孔已改善許多，爲了保持這「光滑無瑕」的皮膚，他還定期的到我公司做臉部保養。

有一天，他對我說：「我老婆生完小孩以後，胖了很多，整天說要減肥，她知道妳公司有一種很好的減肥方法，決定坐完月子後參加，但是我也發現自己越來越肥，不知道男士可不可以參加？」

我回答說：「不好意思，「唐安麒の體雕法」這課程，只接受女

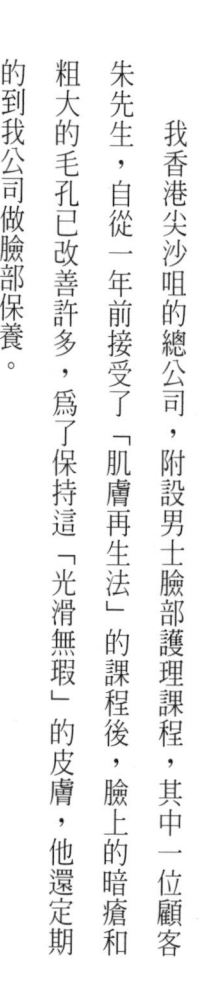

士參加，其實男生想減肥，最好是做運動以及注意飲食。女性參加「燃燒脂肪」的原因，只是想把「該瘦」的部分減去，不想影響「不想瘦」的地方。雖然節食跟運動，是很好的減肥方法，但整體都會瘦下來。男性就沒有這方面的顧慮啦，整體瘦有什麼關係。好吧，如果你眞的想減肥，我教你做一些快速又有效的運動，還有設計一份減肥食譜給你。我從前當過健身房教練，不單只教女生啊！很多男生經過我指導，都可以練到很壯，放心吧！」於是他開始遵照我的指導去做，而他太太坐完月子後，也開始參加「體雕法」的課程。

兩個多月後，朱先生瘦了八公斤，朱太太瘦了七公斤。我覺得很奇怪，朱太太沒有理由瘦得那麼快。一般產後減肥，兩個月應該只能減四到五公斤。後來朱太太對我說：「我進度是不是很好呢？因爲我希望加速效果，跟我老公一起去做運動，又少吃了油膩的食物，聽妳的話多吃新鮮蔬果，加上『體雕法』可以把指定的部分減掉，原本像

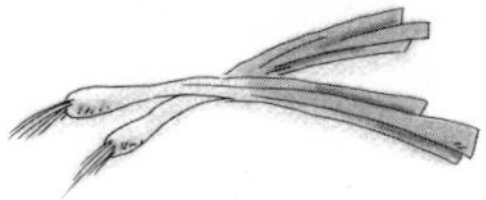

水桶一樣的身材，線條已開始明顯。」

其實，不管什麼減肥方法，有恆心是最重要，否則，多好的減肥方法，也幫不了你。

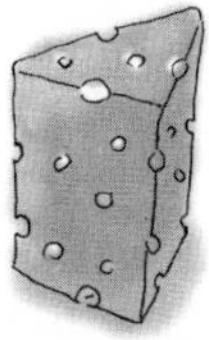

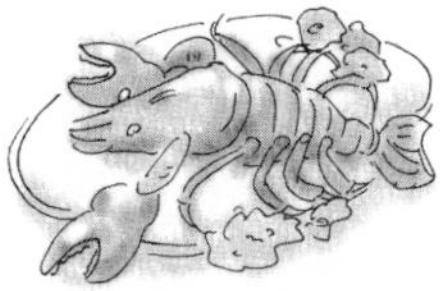

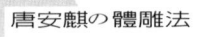

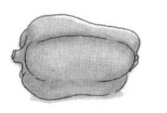

一吋脂肪，一吋金

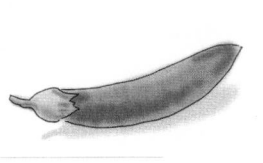

有一次，一位顧客到我公司，身高一百六十二公分，重五十公斤，其實不算肥，她竟然告訴我要減到四十五公斤。我對她說：「不用那麼誇張吧！到時候只剩下皮包骨，而且我們講明是燃燒脂肪，妳也沒有五公斤脂肪來燃燒吧。這樣子吧，先減兩公斤，說不定減了兩公斤脂肪，妳已經很滿意！」於是她先減兩公斤，兩個禮拜已經把那兩公斤脂肪減去，腰部和腿部的線條更苗條，那個「超迷你」型的小腹已經消失。

坦白說，我覺得她已經苗條到最高點，但是她竟然說：「還是不

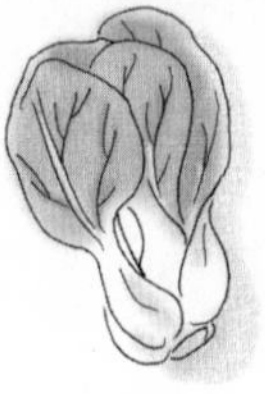

夠，我想把腰多減兩吋、大腿一吋，我多做一個課程！」

我回答她：「小姐呀！妳已經二十三吋腰啦，還減兩吋，只剩下二十一吋，而且妳已經沒有什麼脂肪，怎麼減呀？」

經過一番辯論後，我接納了她的要求，但我有條件：一、我會盡量達到她的要求，但不保證一定減足。（如果能減的脂肪眞的沒有啦，還怎麼減呀？）二、眞的減不足，我會依「瘦身合約」的賠償方法賠錢，但是她不可以不要錢而要求再做。結果，她眞的只能夠把腰多減一吋、大腿半吋，於是我退回費用給她。

當時她說：「錢我不要啦……」

我馬上說：「妳放過我吧！眞的不能再減啦！」

她笑著說：「我還沒講完，看妳害怕的樣子，我是說，把錢轉做『肌膚再生法』呀！」

嘿嘿！這個當然沒關係，多謝啦！

「兩心」減肥，瘦身有望

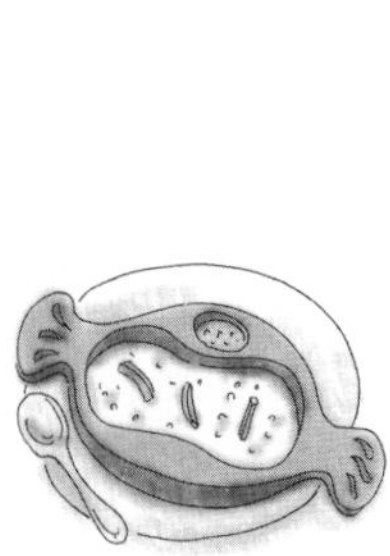

我發現有很多想恢復身材苗條的女性，都只有三分鐘熱度，其次便是過於心急。其實減肥絕不是一件容易的事，最重要的是有信心及恆心。儘管我常常在媒體專欄提及「唐安麒の體雕法」的效果多好，但也要配合減肥者的信心及恆心，畢竟每個人的吸收能力都不相同。

例如有些客人大概接受一至四次課程便明顯的見到效果，有些可能做五、六次也沒有進步。沒有信心的客人可能認爲此法無效，便不再接受課程，而沒恆心的客人往往做一次停一次，這當然沒有效果。既然決心減肥的話，無論哪一種減肥方法，信心及恆心必定是最重要

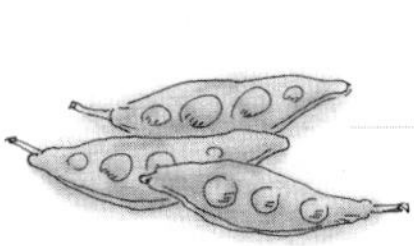

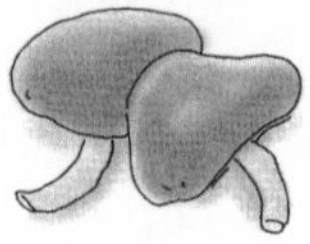

的。

爲了使參加「唐安麒の體雕法」的客人有信心，所以每位參與的客人都必須簽署一份具法律效用的「瘦身合約」，確保如果沒效全數退錢。但如果參與的客人沒有信心的話，簽什麼合約也沒有用。因此，我在接見客戶的時候，必定問清楚她們信心及恆心的程度到哪裡，遇到一些「兩心」不足的客人，我情願建議她不要參加，因爲必定浪費錢。

有些客人因此覺得我「大牌」，好像有生意不願做似的。其實，我只是爲她們著想，因爲如果她不定時接受課程而無法達到效果，是不會賠償的。好比醫生叫你定時吃藥，但你不聽，多高明的醫生也醫不好你。再加上「兩心」不足的客人往往不按時接受課程，沒有效果的話，她只會認爲此法無效。還好絕大部分參加「體雕法」的客人都很乖，也會依照我們的編排去做，一則希望減肥成功，二則無須與「錢」

鬥氣。

有時遇到一些過於心急減肥的客人，我也會勸她們不要急。例如有一位客人，她只是一位白領階級，收入普通，又不是爲了趕結婚、移民等而減肥，但她卻希望參加「特快課程」。因爲此課程比原裝的「體雕法」貴很多，此法雖然效果好，但也必須配合妳的信心及恆心，大家心心相印才能成事。

所以，只要妳有「兩心」的話，「體雕法」對妳一定有效。

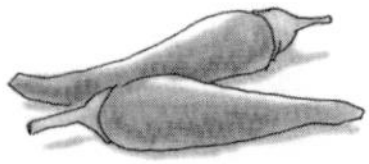

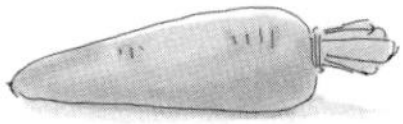

節食減肥減出禍

前陣子，我從報章上讀到一篇報導，一名中學女學生，因節食減肥而患了厭食症，暈倒街頭，送醫後證實死亡。死者生前是名校優異生，就此斷送了生命及大好前途，令人十分惋惜。

其實市面上也有很多節食減肥或流質減肥方法，就像最近我與顧客張太太閒談時，提到她的好朋友美霞。張太太說：「美霞前陣子去參加了一個喝流質減肥的課程，其間她要配合節食而且只能吃流質食物。其實美霞在課程期間已經覺得很辛苦，什麼都不能吃，但因爲她已付了一大筆減肥費用，不忍心看見自己的錢付諸流水，只好撐下

去。但問題出現了，美霞根本不夠體力應付日常的工作，加上每個朋友都覺得她容顏非常憔悴，雖然是瘦了，但連不該瘦的地方都瘦了。平常因爲實在太餓了，所以經常不停喝好多水，還引起水腫，肌肉呈現鬆弛現象。

「最後我們這班朋友都叫她停止這流質減肥計畫，美霞因爲怕自己的健康會繼續惡化下去，也接納了我們的意見停了減肥計畫，但當她開始正常飲食後，她又胖起來了。其實窈窕、漂亮，每個女人都想。好像我啦，來妳公司減肥前，都看過好多廣告也到過其他美容瘦身中心，不過當我看到他們的公司，發覺他們不夠專業，跟他們所有刊登的廣告完全兩回事。後來到了妳公司，最放心就是有法律效用的合約保障，減不到有錢賠，而且你們提供的食物組合又好合理，很容易配合。有朋友在妳公司減過肥，眞的可以做到『想瘦哪裡、瘦哪裡』，加上信譽好，所以選擇妳公司囉！妳看，我做了一個月課程，現在大腿

瘦了二吋半，手臂瘦了一吋，好開心呀！」

其實張太太說的很對，苗條、漂亮眞的是每個女人的心願，但當妳決心減肥時，應選擇正確的減肥方法。如果妳眞想嘗試節食或流質減肥，請先請教醫生，聽取專業人士的意見及心得爲上上策。

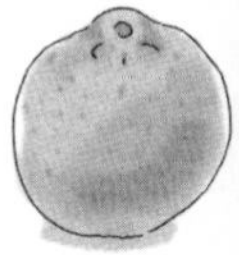

剛開始，我以爲不可能

有一天，我在香港尖沙咀的辦公室，看到一位正在等候諮詢的顧客，心裡想：「這位太太好面熟啊，到底在哪裡見過她？」想了老半天，終於想起來了，她是我的舊客戶，幾年前她曾參加過「唐安麒の體雕法」，但課程還未做完，她就不見人影了。於是我出去請她進我辦公室。

她好奇問我：「妳怎麼還認得我？」

我說：「對呀！因爲我對妳印象蠻深的。我的顧客，很少中途停止課程，而且我記得，那時候我打電話找妳，問妳爲什麼不來，妳的

語氣好像不太友善，還叫我不要再打電話，那我就沒有再找妳啦！」

她帶點歉意的說：「對不起，因爲當時我對妳有一點誤會，所以才不太友善，希望妳你別放在心上。那時候不來的原因，是以爲妳的減肥方法沒有效，因爲我做了一段時間，也沒有什麼進展，後來妳跟我說，是因爲我沒有依照你們指定的時間做課程，也沒有配合你們的「食物組合」，所以才沒有效果。我覺得妳是在找藉口、推卸責任，所以我才沒有再來。而且那時候妳的公司，剛開業不久，我對妳也沒有什麼信心，因爲妳好像很年輕的樣子，不知道到底有沒有實力。」

「那妳爲什麼現在又來了呢？」我眞的很想知道答案。

她笑著說：「因爲在這幾年當中，我看到有很多親友，到妳公司做減肥或者是臉部護理，成績都非常好。記得有一次，我聽到一個同事說在妳公司減肥，我還馬上說：『不要去啦，不會有效果的。』

「同事說：『誰說沒有效果！我做了不到一個月，已經瘦了三公斤

啦，大小腿也明顯的變細了，為什麼妳這樣說，妳有去過嗎？』然後我就把到妳公司的情況告訴她，她諷刺的說：『妳活該呀！誰叫妳自己不聽話，完全沒有好好的配合，當然沒有效果。妳生病看醫生，醫生叫妳一天吃三次藥，妳三天吃一次藥，又把藥方改了，病能好嗎？還好意思說人家沒有效果！亂說話，沒良心的是妳！』她這樣說，本來我很生氣的，後來想想，參加課程之前，妳已經把「食物組合」及指定課程時間告訴我，只是我自己不對，而且這幾年，看見妳已擴展到香港最具規模的美容中心，我相信妳的實力，所以回來找妳！」

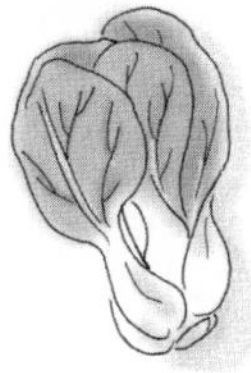

「煮」婦須知

有一位李太太，她最大的興趣是煮一些美味的食物，也經常「傳授」一些煮食心得給我，讓我受益不少。而李太太更告訴我自從參加了「唐安麒の體雕法」後，除了越見苗條之外，身體和精神也好很多，連帶家人也健康多了。因爲她以前很喜歡煮一些「重口味」的食物，煎、炸是她的最愛。燉湯多用肥豬肉或不去皮的雞，每餐好像「喝油」而不是喝湯，炒菜也用過多的油，她自己也笑稱好像「炸菜」一樣。

而我一直強調「吃」的健康，所以每當她教我一些好吃但對身體

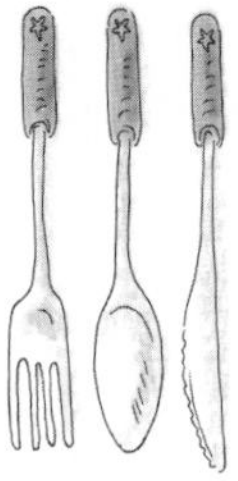

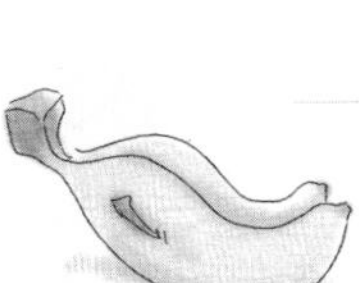

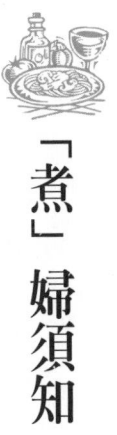

無益的食物時，我便坦白相告。日子久了，她也明白如何煮得好味，吃得健康。

下列要點，「煮」婦們不妨參考：

1.不要用太多的油，烹調食物最好以蒸、燙爲主，煎、炸可免則免。改用不沾鍋，可以少量油炒或煎食物，也不怕沾底。

2.避免經常煮含有太多脂肪的食物如：肥肉、魚肚、雞皮等。總之一概除去肥油部分很重要，如熬雞湯一定要去皮。

3.每餐一定要有蔬菜，燙青菜好過用油炒，而且量一定要很多，每日身體才能吸收足夠的纖維。

4.少吃罐頭食物，每星期不妨選一兩餐煮「純蔬菜」，最好連飯也不吃，純吃蔬菜、茄類、瓜類，讓腸胃來個大清理。我自己保持苗條秘訣就是一星期選兩天，三餐只吃蔬菜生果。

5.只買一些有益的食物如：水果、低脂牛奶、果仁（不要炸的那

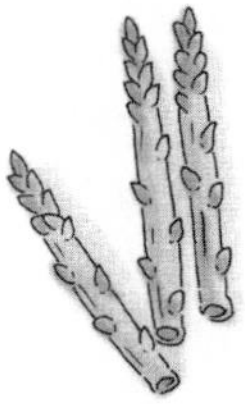

種）、麵包等，總好過吃洋芋片、汽水、巧克力。

李太太在最後一次課程時對我說：「我很開心能把我那十四多公斤脂肪去掉，自從聽妳的話改變一些煮食的缺點，我和家人也更健康，大兒子連痘子都少長了！有一次參加烹飪比賽所做的菜式更得了『最佳健康煮食獎』呢！」

安麒老師通訊站
台北市杭州南路一段15-1號12樓
郵政劃撥帳號：18674672
戶名：
安麒創造美容中心有限公司

國家圖書館出版品預行編目資料

唐安麒瘦身健美湯方／唐安麒作. -- 初版. --
臺北市 : 圓神, 1998 [民87]
面 ; 公分. --(圓神叢書 ; 262)

ISBN 957-607-325-1 (平裝)

1. 減肥 2. 食譜

411.35 87006123

ISBN 957-607-325-1

圓神出版社
YUAN-SHEN PRESS

◎圓神叢書 262

唐安麒瘦身健美湯方

作　　者／唐安麒
發 行 人／曹又方
出 版 者／圓神出版社有限公司
地　　址／台北市南京東路四段50號6F之1
電　　話／二五七九六六〇〇（代表號）
傳　　眞／二五七九〇三三八・二五七七三二二〇
郵撥帳號／一八五九八七一二　圓神出版社有限公司
登 記 證／行政院新聞局局版台業字第六三六九號
企畫編輯／賴眞眞
責任編輯／任鳳雲
校　　對／唐安麒・賴眞眞・任鳳雲
美術編輯／劉鳳剛
法律顧問／蕭雄淋
印　　刷／祥峯印刷廠
一九九八年七月　初版
二〇〇一年五月　六十八刷

●定價180元